ビジネスパーソンのための

「秘書力」養成講座

秘書／接遇・コミュニケーション・秘書研修講師
井出元子

Discover

はじめに

秘書力とは、尊敬と感謝で繋がる仕事術である

経営コンサルタント小宮一慶の秘書として、今の会社に入って十年が過ぎました。

入社当時、上司の小宮は、企業のコンサルティング活動をする一方、三十八冊目の著書を出版していました。前年にディスカヴァー社から出版した『ビジネスマンのための「発見力」養成講座』がおかげさまでヒットし、このテーマでの講演依頼をいただくようになっていました。テレビのコメンテーターや、新聞、雑誌の取材も入り、小宮が多忙を極めていた時期でした。オフィスにいる日はスケジュールがギッシリ詰まっていました。出張も多く、私が入社後、最初に小宮と顔を合わせたのは、すでに二週間くらい経ってからのことでした。

私は、まもなく四十代という年齢に差し掛かろうとしていました。前職を辞めてからの数年間は、正社員としての仕事から離れていました。そのうえ秘書未経験でした。どの条件をとってみても、私が採用される理由はありませんでしたが、なぜか採用。私の上司が年齢や履歴書を気にする人ではないことは、そのときから分かりました。ということは、とりもなおさず、仕事の中身が厳しく問われるだろうということです。そして実際、こんなに忙しく幅広い仕事をしている人の秘書を、秘書経験のない私が行なうことになったのですから――それは、予想以上にたいへんな日々でした。

外出の多い小宮は、不在時には昼と夕方の二回、あるいはそのどちらかに、必ず電話連絡を入れてくれます。その電話に、入社初日から出るように指示されました。まだ何の引き継ぎも受けていない状態で、小宮から電話で、「聞いておくこと、ありますか？」と言われます。何を伝えるべきか、何を聞かなければならないかも整理されていない状態で、忙しい小宮に話をしなければなりません。電車が到着するまでの数分間に電話しているときもあり、もたついていると電話の向こうからイライラしている気配が伝わってきます。電話がかかってくるまでに状況を整理しておいて、電話を待っている状態でなければとても対応できないということを、入社初日に冷や汗をかきながら思い知ることになりました。

会社にいる日は、まとめて来客の予定が入ります。多い日は、朝八時から、早ければ七時半から、三十分または一時間ごとに来客予定が詰まっています。

お客さまをお迎えするときは、「○○さま、お待ちしておりました」とお迎えします。次のお客さまの名前を確認してお迎えし、応接室にお通ししてお茶を出し、途中でお茶を淹れ替え、次のお客さまをお迎えして別室でお待ちいただいている間に、お帰りになるお客さまをお見送りして、応接室を片付けて、お待ちになっているお客さまを応接室にお通ししてお茶を出し、別室を片付けて、また途中でお茶を淹れ替えて…。

この合間に、直近の出張の準備をし、旅程資料を用意します。年間二百回ほど利用する新幹線と飛行機の予約、ホテルの手配、講演依頼の対応をし、日時や場所、内容の調整をして、レジュメを用意します。

取材依頼があれば、日時の調整をして、資料を準備します。そして、取材後は、上がってきた取材原稿のチェックや修正。

ほかにも、次の出版に向けての打ち合わせや執筆のスケジュール管理。コンサルティングのお客さまの日程調整。イベントの事務や、突然発生する慶弔対応、割り込みで入ってくる細かな依頼の数々。

分からないことだらけなうえに、片付けても片付けても終わらない細かな仕事の山。急ぎの仕事も多く、時間に追われる毎日でした。慣れるまでは、気がついたら勤務時間がとうに過ぎているような状態でした。「一日って、こんなに一瞬で終わるものだったのか」と思うほど、何も考える暇もなく、毎日が過ぎていきました。


無我夢中で目の前の仕事をこなしながらも、気づいたことがたくさんありました。


たとえば上司の小宮。

小宮が雑誌の取材を受けている途中、急ぎ追加の資料が必要になったことがありました。取材を中断して資料を待っていることもあり、急いでいた私は、まずコピー機でコピーをスタートさせ、コピーを待つ間にクリップを取ってきて、またコピー機に戻ると、出てきた資料を片っ端からクリップ留めして小宮に渡しました。すると、一連の動きを見ていた小宮が、「さすが井出さん！」と言いました。

一瞬、何を褒められたのだろう？　と戸惑いましたが、すぐに、最短の動線を考え、段取りして動いたことだろうと理解しました。この程度のことは誰でもやっていることだと思いますが、気づいてもらえることは、嬉しいものです。

反面、その褒め言葉の裏には、些細なことも見ているというメッセージが込められていることにも気づきました。些細な仕事も、常に頭を使い効率よく行なってほしいという要求を、資料のコピーというありふれた場面で、「さすが！」という褒め言葉ひとつで秘書に理解させる私の上司は、侮れない人だと思いました。

小宮は経営コンサルタントとして、「お客さま第一」の企業経営を、経営者の方々に指導しています。そして、偉そうにそんなことを言うからには、自分たちがそれを実践しなければならないと、日頃から社内でも繰り返し言っています。

入社して最初に、「お客さまからの電話を、『会議中です』と言って取り次がない会社が、お客さま第一などと言っているのは間違っている。自分（小宮）と話している途中でも、電話がかかってきたら、電話に出てください」と言われました。これには驚きました。

これまで何社かの企業で働いてきましたが、こんなことを言われたのは初めてでした。「会議中と言ってはいけません、来客中と言うように」と指導する会社は多いですが、小宮に言わせると、「そんなウソをつかせておいて、どうして社員さんが真剣にお客さま第一で仕事をしてくれると思うのか！」となります。全くその通りでした。すでに社会人として二十年近く働いていながら、初めてスッと腹落ちするような気がしました。

そして当時六名ほどの小さな会社では、人がいなければ小宮自ら電話を取っていました。弊社に電話をかけたら小宮本人が出るのですから、相手の方はさぞ驚いたことでしょう。

仕事を通して出会ったお客さま方から教えていただいたこともたくさんあります。

弊社には、経営を学ぶ多くのお客さまがいらっしゃいます。セミナーを開催する際には、二百名を超えるお客さまがいらっしゃることもあります。私たち運営スタッフに温かい言葉をかけてくださったり、名前を憶えて呼んでくださるお客さまがいます。「いつも井出さんが笑顔で受付してくださるので、セミナーで小宮さんに怒られる緊張が少し和らぎます（笑）」という微笑ましいメッセージをくださる方もいました。私たちスタッフが昼食をとれないのではと気にかけて、名店のお菓子を差し入れてくださるお客さまもいます。

上司の関わる世界で、第一線の方々、一流の方々を近くで見て、仕事をする機会もいただきました。そのお人柄や考え方、細やかな行動に至るまで、成功する方はこんなことをしているのか、こういうところが違うのかと身をもって教えていただきました。

そうして、学んだことを少しずつですが真似し、実践しているなかで、「井出さんがやっていることを、うちの社員に教えてほしい」というお声をいただくようになりました。秘書としてお伝えできることを、接遇研修や秘書研修、新入社員研修でお伝えする機会も増えました。

秘書の仕事は、上司とお客さまの立場に立って考え行動することです。自分視点ではなく、相手視点で考えることが欠かせません。それは、何も秘書に限ったことではないでしょう。

どんな仕事でも、関わる他者の視点を持つことが必ず求められます。相手視点で仕事をすることで、本当に相手が求めていることに応え、役に立つことができます。よい関係が築け、お互いに気持ちよく仕事が進められます。秘書の仕事術とは、秘書に限ったものではなく、働くすべての人に共通するものなのです。

秘書力を身につけることで相手と、尊敬と感謝で結ばれた信頼関係が築け、相手に喜ばれることが自分の喜びに繋がる。そんな仕事をもっと増やすことになれば、こんなに嬉しいことはありません。

井出　元子

ビジネスパーソンのための

「秘書力」養成講座

目次

第2章 秘書力とは、「確実力」 53

第3章 秘書力とは、「気づき力」 81

第6章

秘書力とは、「コミュニケーション力」　167

第9章 秘書力とは、「成長力」 225

第1部

業務遂行編

秘書は、上司の生産性を高めることが仕事です。
上司の一分一秒を生み出すのが仕事だから、
先を読んだ仕事の組み立てが必要です。
常に上司が求めていることを考え、主体的に行動することが、
秘書の業務遂行です。

第1章

秘書力とは、「段取り力」

限られた時間を最大化する仕事だから、段取り力が求められる

二つの時計を持つ秘書が実践している「段取り」術

腕時計に「デュアルタイム」という機能があるのを、ご存知でしょうか。一つの時計で、二つの異なる地域の時刻を表示することができ、海外旅行のときなどに便利な機能です。秘書にとって仕事とは、自分と上司、二つの時間軸を同時進行しながら進めていくもの。まさに「デュアルタイム」機能が求められる仕事です。ここでは、常に相手の時間を意識した仕事の進め方が欠かせません。

上司にはスムーズにスケジュールをこなしてもらいつつ、秘書も多岐にわたる仕事を同時進行で進めています。自分の仕事のスケジュールと上司のスケジュール、その両方を常に頭に入れ、それぞれが進行しているところ、両者が交わるところをコントロールしながら仕事をしています。秘書の時間軸と上司の時間軸を、行ったり来たり

自分の時間軸と、上司、関係者の
時間軸を同時進行で管理する

しながら、仕事を組み立て、進めていくのが、秘書における「デュアルタイム」機能なのです。

たとえば、今は、上司が出張先でのアポイントを終え、次のアポイント先への移動時間。上司と今日、電話で話せる時間がここしかないだろうと予測できれば、そこが自分と上司との時間軸の接点になりそうです。その接点を有効活用するためには、その間は席を立たない、他の電話をかけないようにして、上司からの電話に出られる状態を作って待っていることが必要です。

上司は今、空港で搭乗を待っていて、この間にメールが読めるかもしれないから、急ぎのメールを送っておこう。今、上司は新幹線に乗って一時間経つので寝ているかもしれない。到着の頃に連絡しよう。来客で応接室に入ったから、この間に電話をかける仕事を済ませておこうなど、二つの時間を見ながら仕事を進めていきます。

時間軸の接点で何をするかも重要です。電話連絡は短時間しか話せない場合が多いので、限られた時間で何を報連相するか。優先順位の高いこと、メールではなく直接話して伝えるべきことを、ポイントを絞って伝え指示がもらえるよう、準備しておきます。複雑な案件、微妙なニュアンスや配慮が求められることは、その伝え方にも気を遣います。判断を仰ぐにあたって、この判断材料が必要だろうと予想されることがあれば、先に調べておくことも必要です。これらは、上司との電話連絡の前に済ませておかなければなりませんから、自分の時間の中に組み込んでおくわけです。

また、自分が常にオフィスにいるとは限りません。不在の際には、どの時間で上司のどんな動きがあり、何か発生しそうかを想定して、事前に用意しておいたり、フォローを依頼しておくこともあります。

私の手帳には、上司が社内にいる時間帯にブルーのマーカーを引いています。この時間帯は、上司からの確認や依頼事項に次々と対応することが多いため、じっくり集中して取り組むような仕事は、何度も途切れて進みません。こういうときは、細かなタスクを次々に処理したり、上司に確認しておくべきことや相談をする時間に充てた方が効率がよいのです。ブルーのマーカーを引いている時間帯に処理できる、細かなタスクをあらかじめ洗い出しておくと、時間を効率よく使うことができます。

判断を仰ぐ場合は、話す順番、伝え方を考え、前もって判断材料を準備しておく

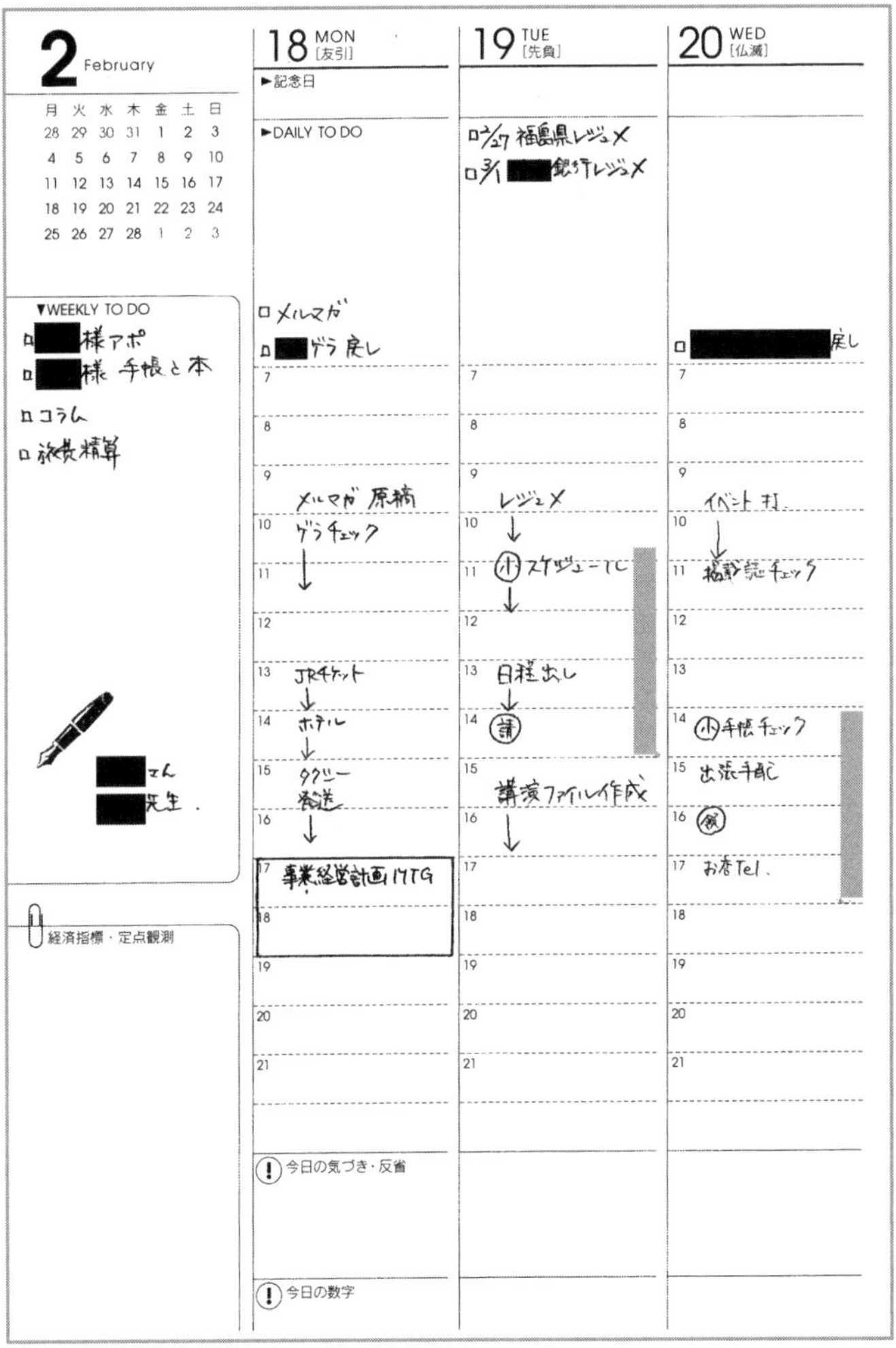

図1　使える時間にマーカーを引いた手帳

上司の時計（＝時間）を有効活用して、上司の仕事の生産性を最大化するためのサポートが、私たち秘書の仕事です。だからこそ、自分の時計だけでなく、上司の時計とのデュアルタイム機能を欠かせないのです。

ビジネスパーソンのためのワンポイント「秘書力」❶

相手の「時間」に配慮して、自分の仕事を組み立てる

秘書に限らず、あらゆる仕事には、上司、関係者、お客さまがいる。そして、自分にスケジュールがあるように、相手には相手のスケジュールがある。報告や相談が必要であれば、あらかじめ相手の時間を押さえておくこと。作業を依頼する場合も、前もって依頼しておけば、相手も都合をつけやすく、気持ちよく引き受けてもらえるもの。

相手視点を身につける第一歩は、相手の時間を意識し、相手の時間に配慮して自分の仕事を組み立てることから始まる。

過剰な仕事、足りない仕事をしないためのゴール確認

予定を入れるときは、所要時間を明らかにして、スケジュールに書き込みますよね。「この打ち合わせは一時間くらいかかりそうだな」とか、「二時間の会議出席」など、所要時間を明らかにして、スケジュールを押さえているでしょう。

タスクにおいても、これと同じことが言えます。時間の決まっていないタスク処理であっても、限られた時間で効率よく仕事をしていくためには、最初に所要時間を明らかにしてから取り掛かる必要があります。

この所要時間は、同じ仕事であっても、精度やクオリティによって、大きく変わってくるものです。効率よく時間を使って仕事をするためには、その仕事の達成レベルを上司とすり合わせておくことがとても重要です。これをせずに、仕事に取りかかり、長い時間をかけて結果的に無駄な仕事をしている人は意外に多いようです。

求められる精度、クオリティによって、
仕事の所要時間を見積もる

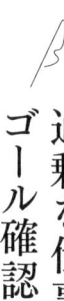

たとえば秘書がよく作成する書類として、上司が出張する際に渡す、出張旅程表があります。出張中の「旅のしおり」みたいなもの、と言えばイメージできるでしょうか。この旅程表に、どこまでの情報を盛り込むか、どこまで美しく仕上げるかは、上司や会社、出張の目的によってかなり差があります。

移動時間と訪問先だけが簡潔にまとまっていればよい場合もあれば、訪問先についての詳しい情報が必要な場合もあります。近隣の飲食店の情報まで盛り込むこともあるでしょう。モノクロ一枚の簡潔なものもあれば、地図や写真付きで、まさにちょっとした旅行のしおりのようなものを作成している秘書もいます。求められるレベルによって、当然かかる作業時間は大きく変わってくるのです。

私の場合、出張の多い上司ですが、出張旅程表は、わざわざ作成していません。秘書に就いた当初は、出張旅程表をきれいに作成した方がよいかと考えたこともありました。しかし上司と話しているなかで、体裁の立派なものは求められていないこと、出張が多いので、時間をかけずに、必要な情報が漏れなく簡潔に入っていることが要求されていることが分かりました。

同じ仕事でも、状況や目的によって
求められるレベルが変わる

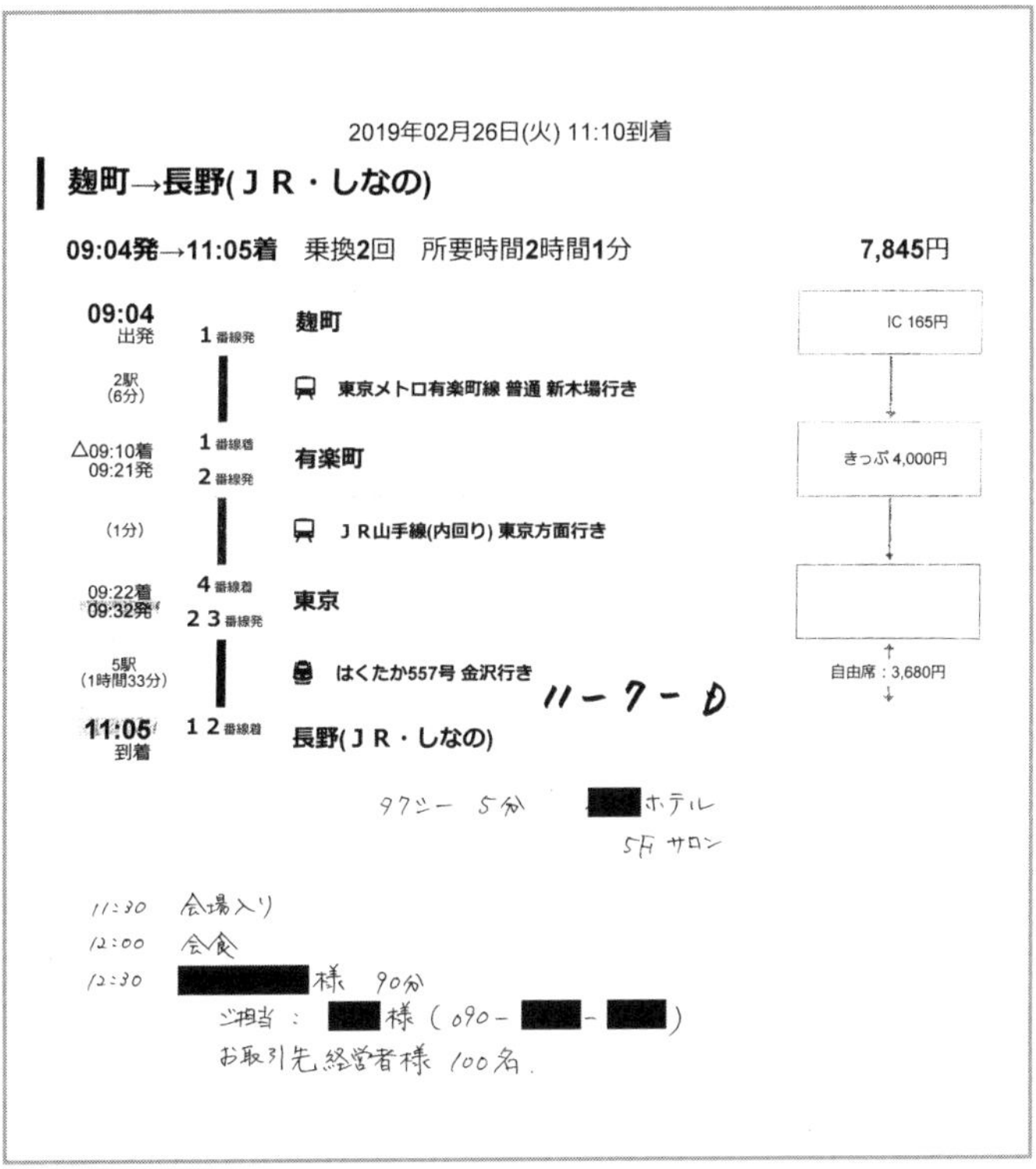

2019年02月26日(火) 11:10到着

麹町→長野(ＪＲ・しなの)

09:04発→11:05着　乗換2回　所要時間2時間1分　**7,845円**

09:04 出発	**1** 番線発	**麹町**	IC 165円
2駅 (6分)		東京メトロ有楽町線 普通 新木場行き	
△09:10着 09:21発	**1** 番線着 **2** 番線発	**有楽町**	きっぷ 4,000円
(1分)		ＪＲ山手線(内回り) 東京方面行き	
09:22着 09:32発	**4** 番線着 **2 3** 番線発	**東京**	
5駅 (1時間33分)		はくたか557号 金沢行き　11-7-D	自由席：3,680円
11:05 到着	**1 2** 番線着	**長野(ＪＲ・しなの)**	

タクシー　5分　[redacted]ホテル
5F サロン

11:30　会場入り
12:00　会食
12:30　[redacted]様　90分
ご担当：[redacted]様（090-[redacted]-[redacted]）
お取引先経営者様　100名.

図2　簡潔にまとめた出張旅程表
ekitan (https://ekitan.com/transit/route) をプリントアウトし、著者が作成したもの

そのため、移動経路は、インターネットの経路検索の結果をプリントアウトし、予約している新幹線の号車や座席などを書き込んでいます。簡単な伝達事項は、この用紙に直接書き込んでしまいます。一度きり、上司が見るだけのものですから、パソコンできれいに入力し直すのは、時間と用紙、プリンターの無駄と割り切っています。

出張先での仕事が講演の場合は、さらに詳細な情報が必要です。講演場所や当日のご担当者、全体の進行スケジュールや講演レジュメなどを加えることになります。地図や住所、大きな会場であれば、○○ホテルだけでなく、その中のどこの部屋に行くのか。お出迎えの担当者名や、緊急時の連絡先、講演依頼の背景などの必要な情報を用意し、出張前に上司に渡しています。

求められているレベルを把握するには？

こうした適切なゴールレベルを把握するためには、上司との日頃のコミュニケーションが欠かせません。その際に「どのレベルのものが必要でしょうか？」という漠然とした具体性のない質問では、上司も答えにくく、「君に任せるよ」などの曖昧な答えになりがちです。作成したものについて、具体的に意見を求めた方が上司も答えやすいでしょう。
「○○の情報もあった方がよいでしょうか」「もっと拡大した地図もありますが、お持ちになりますか」「今回は○○の資料もお付けしたのですが、ここまではご不要でしょうか」と質問すると、上司が意見を言いやすくなります。このようなやり取りを繰り返しながら、求められているレベルのすり合わせをしていきます。

日常のちょっとした会話の中にも、求められていることのヒントが含まれています。
以前、重い荷物を持って毎日移動している上司が「一グラムでも軽くしたいからね」と呟いたことがありました。出張の多い私の上司は、扱いの手軽さから、国内ではビジネスバッグ一つで出張し、キャスター付きのスーツケースは使いません。ノートパソコンや書類、本や雑誌、出張中の着替えまで入った上司のビジネスバッグを試しに持ってみると、本当にずしっと重いのです。この荷物を持って何ヶ所も、電車で移動しているのかと驚いたことがあります。それ以来、出張時に渡す書類は、一枚でも少なくすることを心がけています。

ゴールレベルのすり合わせは、
具体的に意見を求める

相手にとって余計な仕事と、喜ばれる〝おまけ〟の違いとは？

自分視点での「気が利く」仕事が、相手にとって「余計な」仕事にならないように、日頃から求められている仕事の達成レベルを把握して、仕事にかかることが重要です。

その上で、〝おまけ〟をつけることもあります。

講演のため、ある地方都市に上司が出張したときのことです。旅程表を作成するなかで、駅から講演会場まで歩く途中に、上司の知人が関わりのあるお店があることに気づきました。とはいえ、今回の出張には何の関係もなく、必要な情報ではありません。機会があればそのお店に行ってみたいと、言われていたわけでもありません。ですが、せっかくすぐ近くを通るのですし、講演後に少々空き時間ができそうでもあります。もしかしたら上司が興味を持つかもしれないと思い、念のためお店の地図を用意しておき、出張前に軽く話してみました。

予想通り、上司はそのお店に立ち寄って、その知人の方と私に、写真まで撮って送ってくれました。経営コンサルタントの視点で、そのお店について気づいたことを知人の方に話す機会にもなったようです。上司にとっても、その知人の方にとっても、伝えてみてよかったと思いました。

では、上司の仕事を増やすだけの「余計なお世話」と喜ばれる「おまけ」の違いを、どのように見極めたらよいのでしょう？　それはやはり、日頃から上司の行動を観察し、興味・関心のありかを理解しておくことだと思います。

私の上司は、会社でランチをとるときでも、自分でお店に行って、買ってきます。コンビニにどんな商品が並び、いくらで売っているのか。どんな立地のお店にどんなお客さまが来ているのか。経営コンサルタントという仕事柄、自分で足を運んで見ること、サービスを体験することが、とても大事だと考えているので、可能な限り、自分で買い物に出かけるのです。日頃からそんな上司を理解していればこそ、どんなおまけが喜ばれそうか予測することもできるのです。

> 相手の興味関心のありかを日頃から
> 観察し、喜ばれる情報提供をする

カレンダーではなく、「使える時間」でスケジュールを組む

仕事の段取りを組むときは、上司、秘書、関係者がそれぞれやることを、すべて洗い出していきます。短期の仕事、長期の仕事があり、短期の仕事は段取りを組むまでもなく終わってしまうこともありますが、まずは一度、その仕事の中で発生するタスクをすべて洗い出してみます。そうすると、その仕事の全体像が把握でき、あらかじめ起こり得ること、必要なことを想定しておくことができます。

洗い出しができたら、着手から完了までの時間軸を引き、関係者ごとに洗い出したタスクを組み込んでいきます。上司や関係者が多忙な場合や、出張が多い上司であれば、カレンダー上では時間があるように見えても、実際には会社にいなかったり、会議で埋まっていたりして、使える時間がない場合もあります。実際に使える時間、作

在社時間ではなく、実際に作業に充てられる時間で計画を立てる

業に充てられる時間を考慮してスケジュールを組む必要があります。

たとえば私の上司は、出張が多く、何日も席を空けることもしばしばです。まだ先だと思っていても、直接会って確認できるタイミングは今日だけということもよくあるため、不在の時間を考慮して段取りしておかないと、仕事が間に合わなくなってしまうのです。反対に、スケジュール上は不在に見えても、この作業は移動の新幹線の中でできるとか、出張中の方がまとまった時間が取れる場合もあります。上司や関係者の「使える時間」まで考慮して仕事を組むのが、確実性の高い段取り術です。

ビジネスパーソンのための
ワンポイント「秘書力」❷

見かけの「時間」と「使える時間」は違う

チームで行なう仕事では、互いの長期出張の予定や作業時間の見積もりを、あらかじめ確認してから、スケジュールを立てるなど、相手の「使える時間」に配慮して仕事を進める。

単純な仕事でも、前後にたくさんの細かなタスクがあることを知っておく

書類の押印をスムーズにもらうには

上司が委員や役員をしている会社から、書類の押印を頼まれることがあります。「上司の席に書類を持って行って、印鑑を押してもらうだけの仕事でしょう？」と思っていませんか。そのちょっとした仕事の前後にもたくさんの段取りがあるのです。

まず確認しておくべきことは、その書類の締切です。

依頼元の方にいつまでにその書類が必要なのかを確認し、締切までに、上司が押印できるタイミングがあるかどうか、書類を返送する時間的余裕があるかどうかを確認します。

上司が出社するタイミングがあり、余裕を持って押印してもらえるなら、郵送でお返ししても十分間に合うでしょう。郵送では間に合わないようなら、自分が持参する可能性もあります。自分が動けるよう、時間を空けておく必要があります。会議などで上司が依頼元の企業に伺う予定があれば、そもそも書類を送ってもらわず、先方で押印してきてもらった方が早いかもしれません。これらの考えられる手段を、スケジュールを睨んで検討します。

書類を郵送でお返しする場合は、返送用の封筒や切手を用意します。通常は依頼元の方が用意して、同封してくださるものですが、ない場合は、お返しする先の住所も確認しなければなりません。送り状も作成し、期日までに返送する予定を組んでおくことになります。

上司のところに印鑑を押してもらいに行く前に、押印する箇所がいくつあるのかを確認します。該当箇所が分かりにくいこともあるので、付箋を貼っておくと見落としがありません。鉛筆で薄くマークしておくこともあります。社判や銀行印、個人印など、複数の種類がある場合は、印鑑ごとに書類をまとめておけば、印鑑を持ち替える

漏れをなくすチェックポイント
□締切
□実行可能日
□各ステップに必要なもの

回数を最小限にできるのでスムーズです。書類が複数あるときは、間違えたりまごついたりするものです。上司が最短時間で押印できるように、あらかじめ前準備を済ませておきます。

そして、いよいよ上司のところに行く際には、書類だけでなく、朱肉、マットが必要です。押印後にインクが他の用紙につかないよう、間に挟む紙を用意することもあります。インクのついた印鑑を拭くためにティッシュペーパーもいるでしょう。最後に、漏れなく押してあるか、印影が欠けている箇所がないかをチェックします。

さらに、日に何度も押印をもらいに行くのは上司にとっても手間ですから、できる限りまとめてもらうようにしています。

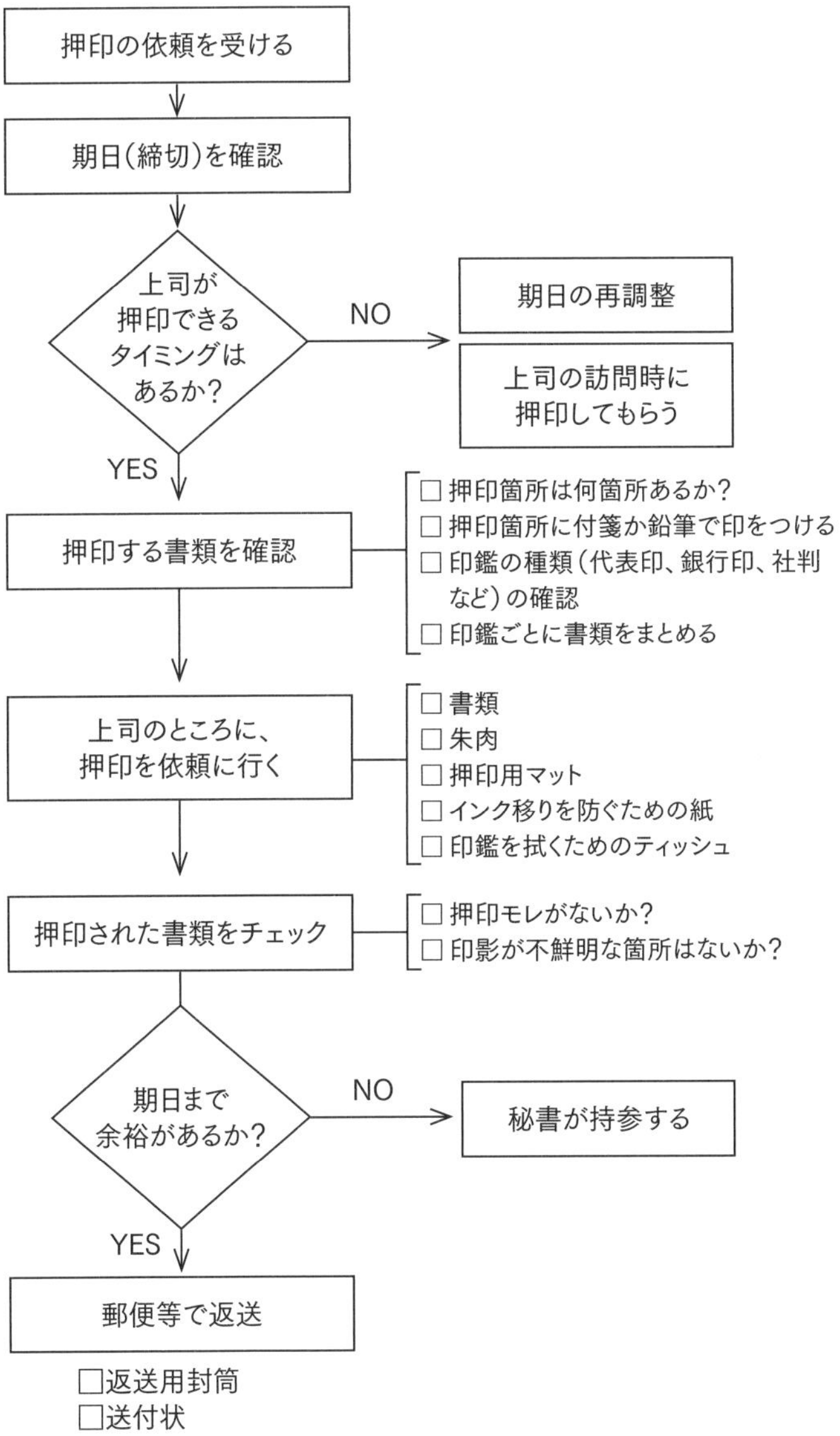

図3 書類に印鑑をもらう業務フロー

来客対応は前日から始まっている

一見単純な仕事にも、前後に細かなタスクがあるということについて、今度は、来客の対応の例を見てみましょう。

来客が多い会社では、お迎えの準備にも段取りが求められます。弊社では、退社前に翌日の来客予定を確認し、準備をしておきます。

飲み物の用意は、時間がかかります。夏なら冷蔵庫に入れて冷やしておく、氷を作っておくなど必要ですが、当日の朝では間に合わないことがありますので、前日のうちに準備しておきます。

当日は、来客時間に合わせて、室温を調整します。椅子の乱れや座面の汚れ、テーブルの上をきれいにして、応接室にある時計やカレンダーを確認します。来客が重なる時間帯がある場合は、事前に部屋の調整も必要です。

また、お客さまからアクセスについてお問い合わせを受けることはありませんか。これには、最寄駅の出口の番号、目印になりそうな建物や付近の駐車場などを挙げて答えます。来社予定の方が、道に迷ってお電話をくださることもあるでしょうから、スムーズにご案内できるように、用意しておきたいものです。

また、弊社ではセミナーを開催しているので、参加者の方から、コンビニ、自動販売機の設置場所、ランチのお店、喫煙場所、銀行や郵便局の場所などを質問されることもあります。遠方からいらっしゃる方が多い場合は、新幹線や飛行機に乗るための経路も、訊ねられたらすぐにお答えできるよう先回りして用意しておきたいものです。

よく質問されることは答えを用意しておく
□最寄駅の出口の番号
□目印になる建物　□喫煙場所
□近くのコンビニ、自動販売機の場所

ビジネスパーソンのためのワンポイント「秘書力」❸

前後の細かな作業の洗い出しが段取りの決め手

一見単純に見える仕事でも、その前後を想像し、必要なことを準備しておくべきである。小さな作業まで洗い出し、期限までに最も早く確実に実行できるよう組み上げていく。

タスクを進める順序をいかに決めるか？

段取りを組む場合にもうひとつ考慮すべきことは、タスクを進めていく順序です。順序を考える必要があるのは、次のようなケースです。

1．人に依頼しなければならないタスク

人に依頼しなければならない仕事の場合、相手にも都合があり、予定があります。相手のスケジュールに配慮し、余裕を持った締切の設定が必要になるため、早めの段取りが欠かせません。基本的な流れとしては、

①　依頼そのものを承諾してもらえるかどうかを確認
②　スケジュールを確認
③　詳細を依頼する

タスクを進める上で、順序を踏まえる必要がないかどうかを検討する

という三段階の手順を踏むのが、最も丁寧な依頼の仕方です。内容により、①、②、③を同時に行なうことも多いです。

紹介者を介して依頼することもあります。その場合は、紹介者の方にまず依頼をし、ご紹介いただいてから、相手先に依頼をするため、さらに余裕を持ったスケジュールが必要です。

2．Aがなければ B ができないなど、タスクそのものに手順があるもの

Bに着手してみたら、このタスクはAがなければできないと気がつくケースもあります。発送作業を予定していた日になって、梱包材がないことに気がつき、その日に発送できないというようなケースです。

そのタスクに必要な前工程はないか、洗い出しをしておく必要があります。

3．順序を違えると、相手への礼を欠いたり、不快感を与えてしまう恐れがあること

たとえば関係者に一斉にお知らせする情報があるが、相手によってはその前に、個別にお知らせしておかなければ失礼に当たる場合があります。その案件のために労を取っていただいた方がいた場合、個別にお礼と報告をする前に、一斉案内で案件の進捗を知ったら、その方はどう思うでしょうか。

また近いタイミングで、同じ相手方に対して、お礼やお詫びと、お願いごとが立て続けに発生してしまうこともあります。複数の用件を一度に伝えてしまうと、お願いごとのついでにお礼やお詫びをしている印象になり、たいへん失礼です。お礼やお詫びから、少し時間を空けて、あらためて依頼の連絡をすることになります。

割り込み仕事が入ったときはどうするか？

外部からの窓口である秘書には、さまざまな依頼や問い合わせが舞い込みます。アポイントの申し込み、講演や執筆の依頼、取材の申し込み、原稿の確認依頼、お客さまからのご相談やご依頼など、これらがメールや電話で一日に何件も発生します。上司からの依頼や確認、社内での対応も割り込むので、自分で立てたスケジュール通りに仕事が進む日はまずありません。限られた時間で割り込み仕事をこなしていくためには、優先順位付けがポイントとなります。

- 事前に個別に報告しておくべき人物を把握しておく
- 依頼の連絡は、お礼やお詫びとは別の機会に行なう私は、業務終了時に、翌日の仕事の段取りを組んでから退社します。翌日の業務の中で、時間が決まっているもの、その日が締切になっているなど翌日中に必ず対応しなければならないものについて、その作業時間をスケジュールの中で確保します。

そうして、翌日の業務においての、優先度Aランクを明確にしておくのです。

次に、時間が決まっていないもの、その日中でなくてもよいものなど、調整の可能な仕事を、空き時間に組んでいきます。これらが優先度Bランクです。

翌日の優先度AとBのボリュームをあらかじめ確認しておくことで、割り込み仕事に対応できるキャパシティが把握できます。帰宅する電車の中で、段取りを考えたり、派生する案件を想定しておく時間もとれます。また、取り掛かる順番を決めておくと、当日何から着手するか、次に何をするかを考える時間が省けます。

そして翌日、割り込み仕事が入ってきたら、その内容と期限を確認し、それによって優先度を決めていきます。優先度Aに追加されるものは、当日のスケジュールの中に組み入れていきます。優先度Bのものは、それを行なう日を決め、手帳のその日の

当日締切のタスクは当日のスケジュールに、それ以外の締切のタスクは実行日を決めてその日のスケジュールに入れておく

ＴＯＤＯに書き込んでしまいます。

また、三分以内にできることは、優先順位など考えず、依頼されたらすぐにやってしまいます。いつやろうかと考えているより、すぐに対応した方が速いからです。

優先度Ａが大量に発生するときはどうするか？

優先度Ａの仕事だらけ、という日もあります。そんな日は朝一番で、Ａ４サイズの用紙を縦に使って、優先度Ａの中でもさらに締切時間が近いものから順にすべて書き出していきます。いったん紙に書き出すことで、対応すべき全体量が把握でき、何からやろうかと順番を考える必要がなくなります。頭の中が整理され、あとはやるだけという切り替えもできます。

書き出したら、後は上から順にひたすら対応していき、終わったものを消し込み線で消していきます。途中で優先順位を考える必要がないので、仕事が止まらず、案件が次々と片付きます。

- 取りかかって3分以内にできることは、すぐにやってしまう
- 優先度Aが大量に発生する日は、優先度Aのものを緊急度によって並べ、優先順位を決める

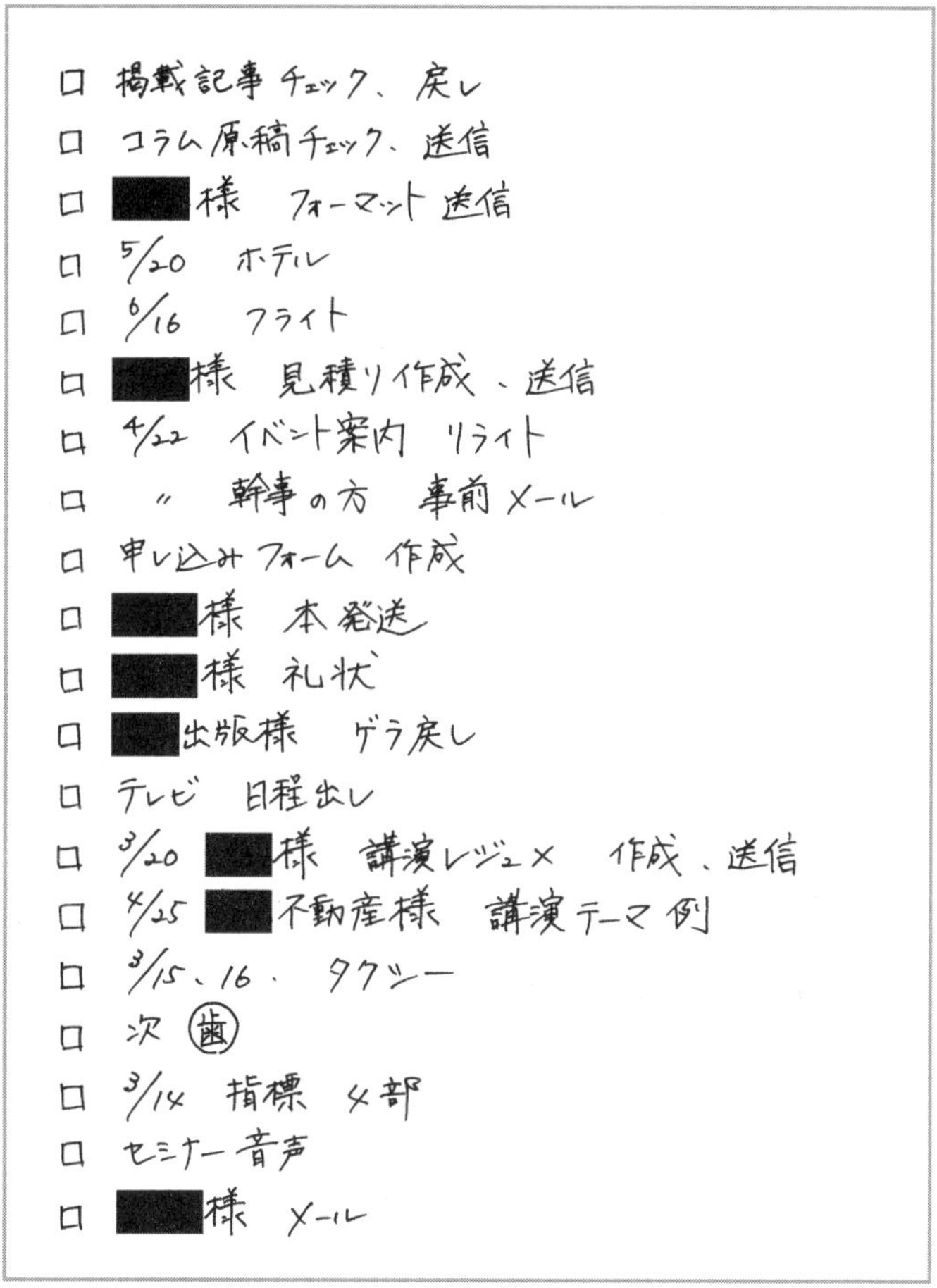
□ 掲載記事 チェック、戻し
□ コラム原稿チェック、送信
□ [redacted]様 フォーマット送信
□ 5/20 ホテル
□ 6/16 フライト
□ [redacted]様 見積り作成、送信
□ 4/22 イベント案内 リライト
□ 〃 幹事の方 事前メール
□ 申し込みフォーム 作成
□ [redacted]様 本発送
□ [redacted]様 礼状
□ [redacted]出版様 ゲラ戻し
□ テレビ 日程出し
□ 3/20 [redacted]様 講演レジュメ 作成、送信
□ 4/25 [redacted]不動産様 講演テーマ例
□ 3/15、16、タクシー
□ 次 歯
□ 3/14 指標 4部
□ セミナー音声
□ [redacted]様 メール

図4　タスクの書き出し例

最適なタイミングを段取りする

「締切間際になって慌てて仕上げることがないよう、早めに着手している」

「締切に遅れることがないように、余裕を持って仕事をしている」

もちろんそれは、間違っていません。期限ぎりぎりに慌てて仕事をし、挙句ミスが発生、やり直しで結局締切に遅れて、関係者に迷惑をかけ、お詫び。そんな仕事をしてはいけないのは、言うまでもありません。

それはそうなのですが、では、締切に遅れないために、「一ヶ月も先の仕事まで、すでに仕上げてあります」というのも、いかがなものでしょうか。

早く仕事をしすぎることが、実は仕事の効率を下げていることがあります。仕事を完了してから、実際の期日までに間が空くと、その間に状況が変化して、修正が必要

早すぎることで修正ややり直しが発生し、かえって効率を下げることもある。スケジューリングにはタイミングが重要

になったり、その仕事がやり直しになったりすることがあるからです。

たとえば上司の出張時のスケジューリング。直前になってから、バタバタ準備したくないし、予定は早く確定させたい。その気持ちはとてもよく分かるのですが、あまりに早くスケジュールを確定させて、交通機関などを手配してしまうと、時間が変更になったり、空いた時間に別件が入ったときに手配したものをキャンセルして、再度予約をし直すことになります。

適切なタイミングで行なえば一度で済んだ仕事が、早すぎたために、余計な仕事を生み、二度同じことをしなければなりません。無駄を生んでしまうのです。

もちろん仕事が遅かったために、飛行機の予約が取れない、なんてことになっては困ります。ここまでには着手しなければいけないという期限は明確にし、確実に対応することが前提です。その上で、直前でもよいことは、可能な限り直前に、その仕事の最適タイミングで行なうことによって、仕事の無駄を生まないことに繋がります。

最適タイミングで仕事をするためには、その業務にかかる自分の作業時間を把握できていることが前提です。私はデスクにストップウォッチを置いていて、ルーティン

状況変更の可能性があるものは、直前まで待って対応する方がよい場合がある

で行なう仕事については、時間を計測していた時期があります。スマートフォンのアプリには、所要時間を項目ごとに記録できるものがあり、どの仕事にどれくらいの時間がかかっているのかを、計測して把握することができます。

手帳に、その仕事にかかった所要時間をメモしておくことも有効です。当初の見積もりと実際の作業時間とのズレを認識しておくと、次回以降の時間の見積もりに役立ちます。

私の上司は、原稿執筆の依頼も多くいただきます。月に何本も締切があるので、いつも早めに執筆に取りかかっていますが、原稿の仕上げは締切直前に行なっています。あまり早くに書き上げ、依頼主の方に渡してしまうと、締切までに、経済情勢が変わったり、大きなニュースが出る可能性もあり、タイムリーな内容を盛り込むことができないからです。

どの仕事にどれだけ時間がかかるかを正しく知り、自分のスケジュールのどこでそれを行なうのが最適なタイミングなのかを考えて予定を組むことが、結果的に効率の

日頃から、自分が仕事にかかった所要時間をメモするなどして、自分の作業時間を把握しておく

よい仕事に繋がります。

ビジネスパーソンのためのワンポイント「秘書力」❹

順番と優先順位、最適なタイミングがスケジューリングの決め手

まずタスクを洗い出し、流れと重要性、緊急度によって取り掛かる順番を決める。割り込み仕事が入った場合は、その優先度によって、順番を変更する。次に、どの仕事にどれだけ時間がかかるかを正しく知り、自分のスケジュールのどこでそれを行なうのが二度手間にならない最適なタイミングなのかを考えて予定を組む。

第2章

秘書力とは、「確実力」

信用を得なければできない仕事だから、
確実に行なう力がカギになる

ミスやモレに気づく仕組みを作る

出張の多い私の上司は一年間で約二百回、新幹線や飛行機を利用します。その予約をとることは、絶対にミスしてはいけない仕事の一つです。

インターネットで予約しているのですが、予約作業の途中で電話が入り、また作業に戻り途中まで画面が進むと来客があり、上司に呼ばれ、席に戻ったら、ログインが切れていて、あれ、どこまでやったっけ？　慌ただしい日にこんなことを繰り返していると、うっかり忘れてしまったり、予約したつもりで実は予約完了までいっていなかったりということが起きやすいのです。

できるだけ集中できる時間を選んで行なうことはもちろんですが、自然にミスに気がつく仕組みを自分の業務の中に作ることで、この十年、交通手配のミスを起こさずにすんでいます。

たとえば、上司が出張で利用する新幹線をインターネットから予約する場合。次のような業務フローを作っています。

① 経路検索サイトで、移動経路を検索し、プリントアウトする。
② 上司のスケジュールを管理しているダイアリーには、新幹線の乗車駅と下車駅を書き入れ、出発、到着時間を書き入れるための（　）を書いておく。予約が済んでいない時間は、（　）の外に書く。
③ 新幹線をインターネットから予約し、予約確認のメールを受信する。
④ そのメールを見ながら、先ほどのダイアリーの（　）内に新幹線の出発、到着時間を書き入れる。
⑤ 経路検索のプリントアウトに、予約した号車と座席を書き入れる。
⑥ 出張時に上司に、⑤のプリントアウトを渡す。

このフローを決めて、手順を確実に実行することによって、手配モレを防ぐ仕組みが自動的に出来上がっています。

ミス・モレは意識ではなく仕組みで防ぐ

図5　ミスやモレに気づく仕組みを踏まえたダイアリーの書き方例

ダイアリーを見ると、（　）内に書き入れている時間の有無で予約したかどうかがひと目で分かります。経路検索のプリントアウト（これは出張時の旅程表の代わりにもなっています　P29参照）に、同時に座席まで書き入れることで、確かに予約をしたことの確認ができています。

秘書業務のほとんどは、仕事のダブルチェックなどなく、自分一人で完結させなければなりません。定型業務については、そのフローを実行することで同時に確認もできるよう、仕組み化してしまうことがミス、モレを防ぐ最良の方法です。

タスク管理を兼ねた、メールソフトの使い方

メールソフトを上手に使いこなすことによって、ミス・モレを防ぐ仕組みとして取り入れることができます。

その一つが、自動振り分けの機能の活用です。私はメールマガジンなど、対応が不要なメールのみ振り分け機能を使い、それ以外のメールは、自動振り分けはしていません。ですから、メールを受信すると、受信トレイには対応が必要なメールが並ぶこ

とになります。このメールに対して、返信をしたり、依頼に対応するなどしていくのです。そして対応を終えたメールは、別フォルダに移動していきます。

基本的に一日の業務終了時には、受信トレイにはメールが残っていない状態にして帰ります。受信トレイを空にすることが、手帳であればタスクを終えて消し込むのと同じ役目を果たします。これにより、返信のし忘れ、対応忘れを防ぐことができます。

依頼ごとで、期限が少し先に設定されているものもあります。その場合、まずはメールを受信したこと、依頼を引き受けたことのみを返信します。返信は終わっても、依頼事項は完了していない場合は、その依頼メールを受信トレイに残しておくことで、タスクのリマインドになります。受信トレイにメールが残っているということは、対応未了の案件があるということになるからです。

外出時など、手帳が手元にないときに用件が発生した時も、メールを使っています。スマートフォンで自分宛のメールを作成し、依頼内容を入力して送っておきます。出社して、メールチェックをしたときに、そのメールを受信しますので、たとえ忘れて

- 受信トレイには対応が必要なメールのみ並ぶように設定
- 対応を終えたメールは別フォルダに移動
- 受信メールにメールが残らない状態にしてから退社

いても思い出すことができます。受信トレイに残しておけば、対応を忘れることもありません。手元にある用紙などにメモを取っても、そのメモを紛失してしまったり、メモを取ったことさえも忘れてしまったりするので、メール方式が私には一番確実なようです。

記憶力に頼ったタスク管理は、不確実で限界があります。「忘れていた！」ということがないよう、手帳とメールとスマートフォンで、確実なタスク管理ができるようにしています。

・返信はしたが、仕事の完了が先になるものは、メールを受信トレイに残しておく
・口頭で受けた用件などは、自分宛のメールを送っておき、受信トレイに残しておいて、対応モレを防ぐ

ビジネスパーソンのための
ワンポイント「秘書力」❺

記憶力に頼らず、ミス・モレの起きにくい仕組みを作る

ミスやモレは、自然に気がつく仕組みを自分の業務の中に作ること、記憶力に頼らないタスク管理の仕組みを作ることで、防ぐことができる。

要対応メールのみが、受信トレイに並ぶようにし、対応したら別フォルダに移動する。そして、受信トレイを空にしてから退社するようにすれば、対応を忘れることはない。社外で思いついた用件も、自分宛にメールしておけば、受信トレイで一括管理することができる。

報連相を確実に行なうために

秘書は上司へ、実に多くの報告、連絡、相談を行なっています。

指示や判断をもらうもの、社内での調整や決済事項、スケジュールに関する確認、出張手配に伴う希望の確認、新規の依頼への回答、取材原稿のチェックや講演レジュメの確認、いただき物やお電話で承った伝言、締切のリマインド、書類に署名や捺印をもらう等々、その報連相は多岐に渡り、細かなものを含めると、一日何十件もの報連相を行なうのも、秘書の仕事です。

これらをいかに効率よく、モレなく行なうか。社内にいることが少ない上司の場合は、さまざまな連絡手段を効果的に活用して、報連相をするよう工夫しています。

1. 出社時に対面で行なう

複雑で込み入った案件、説明に時間を要する案件は、直接上司の反応を確認しながら行ないます。資料や書面を見せながら伝えたい場合も、対面の方がスムーズです。対面といっても、上司が自席に座っているときだけとは限りません。時間が取れない場合には、エレベーターを待つ数十秒で話したり、外出する上司に「駅までご一緒してもいいですか」と声をかけ、最寄り駅まで歩きながら話すこともあります。

2. 電話で行なう

上司が終日外出や出張のときには、電話連絡の機会を作るようにします。急ぐ案件で、メールより電話で話した方がよいことは、このタイミングで報連相を行なっています。ただし上司は外出時の短い時間で電話をすることになるため、優先順位を明確にして、短時間で簡潔に伝えて、判断を仰ぐ必要があります。

3. メールで行なう

報連相を使い分ける
対面：複雑な案件、説明に時間を要する件
電話：早く伝える必要がある件、簡潔に伝えられる件上司が移動中でも確認することができ、こちらも内容を整理して伝えられるのが、メールのメリットです。一方で、複雑な内容や説明を要する案件の場合、そのニュアンスが伝わらなかったり、詳しく説明しすぎて長文になり、多忙な上司が読み切れない恐れもあります。メールで送った案件は送りっぱなしにせず、返信が来ていないものは再度フォローすることも大切です。

なお、海外出張等、上司が長期不在のときは、基本的にメールでの連絡となります。その場合、私は下書きメールを活用しています。連絡事項が発生したら、メールを作成し、いったん下書きに入れておきます。一日の中でまた連絡事項が発生したら、都度書き足していき、一日分をまとめて、その日の業務終了時に送信するのです。案件の発生ベースで書き足すので忘れることがなく、メモを取ったものをわざわざメールに入力する二度手間もないので効率的です。もちろん海外出張中の上司に、何通もメールを送らず、メールチェックの手間を最小限にするためでもあります。

4. 上司の席にメモを置く

上司が出社したときに目に入るように、メモを書いて席に置くこともあります。自

メール連絡するときには、報連相案件が発生したら都度下書きに書き溜めて、まとめてから送信する

メール：落ち着いて伝えたい件、対面・電話がかなわないとき
メモ：しばらく出社が重ならないとき、書類へのサインが必要な案件、返事が不要な連絡

分の在席と上司の出社が重ならない場合や、出社時に書類の確認やサインを依頼する場合などです。また、メールで送ると上司に返信の手間をかけさせるため、メモでよいことはそうしています。

以上の四つの連絡手段をその時々で使い分けています。

メール以外の手段を使う場合は、伝達事項を次々に書き込むための一覧表をデスクに用意しています。報連相の案件が発生する都度、この一覧表に案件を書きつけていきます。日付、用件、優先度、伝達が済んだときに消し込みをするためのチェックボックスがあるだけのごく簡単なものを、オリジナルで作成しました。

優先順位が高く、急ぐものには、優先度の欄に赤丸をつけておきます。上司からの電話連絡が入ったとき、時間がないときでもこれだけは話そうということを、前もって用意して、赤ペンで丸をつけておくことで、すぐに目に入るようにしています。

赤丸のついているものから優先的に報連相を行ない、済んだらレ点をつけて、打消し線で消し込んでいきます。上司の時間をできるだけ奪わずに、必要な連絡を確実に行なうために、たくさんの失敗を重ねて行きついた方法です。

- 伝達事項を次々に書き込むための一覧表をデスクに用意
- 報連相の案件が発生する都度書き込み、伝達が終わったらチェックボックスにチェックして消し込む
- 優先度の高いものには、赤丸をつける欄を用意

伝達済	日付	優先度	内容
☑	/23		[redacted]様 みかん
☑	/		[redacted]様 入会、4月〜
☑	/24	①	4/10 名古屋 17:30 終 → 懇 ?
☑	/		[redacted]様 Telあり 書類送付
☑	/		2/1 タクシーチケット
☑	/25		5/28 モンゴル フライト NRT 14:40 → ULN 19:15
☑	/26		[redacted]銀行 [redacted]様 ごあいさつ、名刺
☑	/	①	合宿企画 見積り
☑	/27	①	「はじめに」 850w、2/28 〆
☐	/		[redacted]様 ご退社 2月末
☐	/		[redacted]証券 [redacted]様 ご提案あり
☐	/	②	6/28 [redacted]様 CXL、別日程で
☐	/		
☐	/		
☐	/		
☐	/		
☐	/		
☐	/		
☐	/		
☐	/		
☐	/		
☐	/		
☐	/		

図6　伝達事項の書き出し例。優先度欄を活用する

メールを、ミスなく温かく、しかも効率よく使いこなす方法

相手の時間を気にせずに連絡が取れ、自分の都合のよい時間に対応ができるメールは現在のビジネスに欠かせないものです。一方でお互い顔が見えず声が聞こえず、デジタルの文字だけのやり取りは、ともすると冷たくぞんざいに感じられる場合もあります。相手の手元に残るものですから、誤字脱字などの間違いもそのまま残り、恥ずかしい思いをすることもあります。さらに、メールでのやり取りが増えるにつれ、その対応にかかる時間もどんどん増えていきます。メール対応のミスを減らし、効率よく行なうために、私がやっていることをご紹介します。

署名機能を活用する

署名とは、発信者の氏名やメールアドレス、連絡先などをまとめて記し、メール文

の最後につけるものです。これをあらかじめ登録しておくことができるのが、メールソフトの署名の自動入力機能です。

私は、署名機能に、署名部分だけでなくメールに入る基本的な文章をすべて、登録しています。相手の名前の後につける「様」、「いつもお世話になっております。小宮コンサルタンツの井出でございます。」という最初の挨拶、メール本文の最後に入る結びの挨拶文まで、本文を除くすべてのメールの基本形を、署名機能に登録してあります。そのため、新規のメール作成画面を開いたり、返信画面を開くと、最初から署名機能に登録したメールの基本形がすべて入力された画面が開きます。あとは相手の名前や本文など、その都度、必要な内容だけを入力すればメールが作成できます。

よく使用するパターンは、下書きとして作成しておく

作成するメールには、よく登場するパターンがいくつかあるものです。使用頻度の高いパターンは、あらかじめ全文を作成し、下書きとして保存しておけば、コピーして簡単に使うことができます。メールを作成していて、「以前も、似たようなメールを作成したな」と思ったら、それは下書きに入れておいた方がよいパターンでしょう。

- 署名機能に基本的な文章ごと登録して効率化を図る
- 使用頻度の高いパターンの文章は、あらかじめ全文を作成し、下書きとして保存しておく

私の下書きには、「面談の日程調整」「取材依頼への返信」「講演依頼への回答」など、約二十パターンの文面が入っています。

下書きを作る際の注意点は、名前や日付など、その都度情報を入力し直す箇所は、●や■などで入力しておくこと。普通に文字列を入れていると、見落としやすく、入力し直すのを忘れて、そのまま送信してしまうミスに繋がります。黒塗りの記号で入力しておくことで、目に入りやすく、入力忘れを防ぐことができます。

相手の名前は、相手の署名からコピーして貼り付ける

相手の名前を入力するときに、くれぐれも気をつけたいのが名前の間違い、字の間違いです。間違えられた自分の名前を見たときに湧き上がる小さな不快感は、間違えた相手に対する不信感に繋がります。名前という大切なものを軽んじる人と見なされ、仕事そのものへの信頼も失いかねません。

人名は、似たように見えて違う漢字もありますので、キーボードから名前を入力することは極力避けた方がよいでしょう。相手から送られたメールがあれば、相手の署

その都度情報を入力しなおす箇所は、●や■などの黒塗りの記号で入力しておく

名部分から名前や会社名をコピーして貼り付けるのが一番確実です。署名がない場合は、名刺などで確認し、入力したら画面と名刺を見比べて字の確認をしてから送ります。くれぐれも記憶に頼って名前を入力することがないように。

同じ読み方で複数漢字が使われている名前の方は、皆さんそうだと思いますが、たとえば私の名前は「井出」ですが、「井手様」と書かれたメールを、毎日何通も受信しています。初めてやり取りする方だけでなく、過去に何度もやり取りしている方からもいただくのです。秘書の名前の漢字が違っていても、やり取り上、支障はありませんし、たかが自分の名前の字のことで相手を煩わせるのは気が引け、訂正もしにくいものです。

添付ファイルは先に付ける

添付ファイルがある場合、本文を入力しているうちにそちらに集中し、添付を忘れて送信しがちです。本文を書き始める前に、まず添付ファイルを付け、それから本文に取りかかると安心です。

また私は、送信を完了したメールは、送信済フォルダに置きっぱなしにせず、分類

- 相手の名前は、署名からコピーして貼り付ける
- 添付ファイルは先に添付する

ごとのメールフォルダに移動しています（書類の整頓と同じですね）。その移動のときに、添付ファイルを付けたかを、再度確認しています。うっかり添付を忘れてメールを送っても、すぐに気づけば、追送することができます。

記号、箇条書きを使う

メールはできる限りシンプルに、簡潔に書きたいもの。一メールに一用件が基本ですが、項目が複数ある場合は、箇条書きでまとめると、相手も読みやすく、内容を把握しやすいメールになります。

箇条書きにする場合は、「・」「●」「■」「◆」など行頭に記号を使うと、目にも見やすく、分かりやすくまとめることができます。「1.」「(1)」など段落番号を振る方法もあります。

すぐ返事できないときは、「いつまでに連絡します」と返信する

確認や検討が必要な用件で、すぐに返信ができない場合は、メールを受信したことと、「○○の件につきましては、○月○日までにご返事いたします」と返信しておけば、

メールはできる限り簡潔に。長くなるときは番号を振って箇条書きに

用件が伝わったことが分かり、相手も安心します。

辞書登録機能を使う

メールに限らず、パソコンを使う仕事全般に言えることですが、パソコンのユーザー辞書機能を使うことが必須です。頻繁に入力する文字列は、あらかじめ辞書登録をしておけば、簡単な文字を打つだけで入力することができます。

たとえば私のパソコンでは、「めーる」と入力して変換すれば、自分のメールアドレスが入力できますし、「じゅうしょ」と入力して変換すれば、会社の住所が表示されます。「どうぞ」と入力して変換すれば、「どうぞよろしくお願い申し上げます。」、「はいじゅ」と入力して変換すれば、「ご連絡いただき、有り難うございます。確認の上、●●にはご返事申し上げます。まずはメール拝受のお礼まで申し上げます。」と文章がいちどに入力できるよう、辞書登録しています。

スマートフォンにも辞書登録機能がありますので、仕事上スマートフォンでメールを入力する方は、同様に登録しておくことをお勧めします。

頻繁に入力する文字列、
文章は辞書登録しておく

ビジネスパーソンのための
ワンポイント「秘書力」❻

メールの機能を使い倒す

・メールの署名機能には署名だけでなく、基本的な文章をすべて入れておく。

・ユーザー辞書機能をつかって、定型的な言い回しがすぐに出てくるようにしておくと、入力時間を短縮できる。

・頻度の高いパターンのメールは、あらかじめ全文を作成し、下書きフォルダに保存しておく。その際、宛名の部分など、都度変わる部分は、◆や■など、一目で分かる状態にしておくと、宛名違いなどのミスをなくすことができる。

・相手の名前は、できるだけ相手のメールの署名をコピーし、間違いのないように細心の注意を払う。

机の整理整頓で、確実性が高まる

秘書のデスクには、さまざまなものが詰まっています。書類や資料、領収書やいただいたお名刺。お礼状や一筆添えるための一筆箋、はがきや便箋。のし袋や付箋、マスキングテープやシールも常備しています。上司が好んで使うペンの替え芯や万年筆のインクまで保管することもあるでしょう。自分の資料や備品だけでなく上司の分まで扱っているので、二人分の書類や備品を管理していることになります。当然のことながら、整理整頓をおろそかにすると、仕事の時間の大半を探しものに費やすことになりかねません。

探し物に無駄な時間を使わないための、私の整理整頓術をご紹介します。

1.「整理」とは、不要なものを捨てること

必要なものと不要なものを分け、不要なものを捨てることが「整理」です。保管するためのスペースは限られていますし、モノが増えれば増えるほど、必要なときに探す手間が増えます。基本方針は、モノを減らすという前提で、整理を行なっています。

書類については、インターネット上にある情報や、パソコン内でデータ化されているものは、必要になったら取りに行けばよいのですから、入手方法やデータの在処を確認したら廃棄します。紙でしか残っていない書類であっても、スキャンしてPDFデータにすることで、紙の書類は不要になります。

すぐに廃棄できないものは廃棄するタイミングを決めておきます。最新データが出たら廃棄する、月末の精算処理をしたら廃棄する、三ヵ月経ったら廃棄するなど、廃棄のタイミングを決めておくことで、その都度残すか捨てるか悩まなくても、自動的に不要な書類が減っていきます。

書類はデータで残し、紙は廃棄する。すぐに廃棄できないものは廃棄するタイミングを決める

文具類など会社で共通して使用するものは、自分のデスクに保管せず共有スペースに置くこともポイントです。何年分持っているのだろうと思うほど大量の付箋を、自分の机の引き出しに入れている人を見かけます。自分が使う色やサイズのものを一つだけ持ち、なくなったら共有スペースに取りに行けばいいのです。オフィス全体で所有している在庫もすぐに分かり、無駄な備品購入も防げます。

2.「あの書類！」と言われて、十秒以内に見つけ出すための整頓術

「整理」によって不要なものを捨てたら、次は「整頓」です。必要なものがすぐに取り出せるように、使いやすく置き場所や置き方を決めるのですが、そのためには、まずは書類を分類するところから始まります。

分類ごとにフォルダやファイル、ボックスなどを使って、書類を整頓していくのですが、その分類をどう括るかが、ここでのポイントです。

分類が大きすぎる場合、たとえば「秘書業務」では、その分類に含まれる範囲が広すぎて書類が増え、目的のものが探しにくくなります。逆に分類が細かすぎると、分

書類の整頓は、大きすぎず、細かすぎない分類で

類数ばかりが増えて、その中身は、書類数枚ということになります。一つの分類に含まれる書類の量が、ファイル一冊分くらいを目途にして分類を決めていきます。

業務の分類をさらに年毎に仕分けたり、顧客別などにしてファイリングする場合もあります。分類ごとにラベルやタイトルをつけ、ひと目で内容が分かるようにします。

上司から秘書へ、保管書類が回ってきたら、その場ですぐに分類ごとに仕分けていきます。「とりあえず置き場」を作るという人もいますが、私は「とりあえず置き場」は作りません。「とりあえず」置き始めると、次々そこに書類が溜まっていき、それを見返したり、そこから探したりするのに、余計な時間がかかるからです。

分類と、その置き場さえ決めてあれば、所要時間は三十秒もかかりません。すぐに仕分けて、その分類のファイルやフォルダに格納していきます。

また書類は積み重ねず、立てて保管することもポイントです。積み重ねると、下に置いてある書類がどんどん探しにくく、見にくくなります。立てて置けば、次々とめくりながら探すことができ、早く目的の書類を探し出すことができます。

上司から「〇〇の書類！」と言われたら、それがどの「分類」に保管されているか

> 保管書類は手元に来たらすぐに分類する

を瞬時に思い浮かべられれば、書類の管理が確実にできているしるしです。「分類」が浮かび、その「分類」のファイルにすぐ手が伸びれば、十秒以内に目的の書類を見つけ出すことができます。

ビジネスパーソンのための
ワンポイント「秘書力」❼

すぐに必要な書類を探し出せる状態にしておく整理整頓術

❶「整理」とは不要なものを捨てること。即座に、あるいは定期的に廃棄する。
❷会社で共通して使うものは、個別ではなく、共有スペースで保管する。
❸保管の際の分類は、細かすぎても大きすぎても探しにくい。一つの分類に含まれる書類の量が、ファイル一冊分くらいを目途に分類する。年ごと、顧客ごとなどにしてラベルを貼ることもある。
❹とりあえず置き場は設けない。
❺ファイルは、積み重ねると下のものが探しにくくなるので、立てて置く。

「復唱確認」が、会話の確実性を高める

指示や伝達の場面においても、互いの伝えたいことが間違って伝わったり、誤解されて受け取られたりすると、確実に仕事を実行することができません。そこで重要になるのが、復唱です。

指示を受けたら、最後に必ず復唱確認をします。「○月○日の○時までに、○○さまにメールでお送りします」と、期日や数量、相手の名前など5W2Hのポイントを踏まえて復唱することで、指示が正しく伝わっているかをお互いに確認することができます。

復唱確認は、ビジネスの基本中の基本ですが、この復唱確認のないやり取りが意外に多いものです。

コミュニケーションのズレを事前に修正する5W2H
When（いつ）、Where（どこで）、Who（誰が）、What（何を）、Why（なぜ）、How（どうする）、How Much/How Many（いくら、いくつ）

指示を受けた後の返事として、「はい」「分かりました」「対応します」という答えだけで終わってしまう方がいます。これだけでは、何がどのように分かったのか。何を対応すると理解しているのか分からず、指示した側は「本当に伝わったのか」と不安に感じるものです。

指示を受けた側としても、自分が受け取った内容を復唱して相手に伝えなければ、自分の理解が正しいのか確認することができず、双方ともにコミュニケーションのズレを修正することがないまま仕事に取り掛かることになります。

対面や電話でのやり取りに限らず、メールの場合も同様です。簡単な報告に対して、「了解しました」という返信であれば、何の問題もありません。ですが、指示を仰いでいたり、対応を依頼しているメールに対しての返信が「了解しました」だけでは、送信者側は、メールの意図がきちんと伝わっているのか、とても不安に感じるものです。

何をどう了解し、どう対応するのかを簡潔にまとめた返信をすることが、メールにおける復唱確認になります。

第3章

秘書力とは、「気づき力」

言われる前に動く仕事だから、
気づき力が問われる

先回りしてアシストするための観察

上司や相手の視点を追ってみる

以前お世話になった会社の社長は、社内を歩きながらよく床の小さなゴミを拾っていました。別の会社の経営者の方は、コピー機を使った後に、その蓋が上がりっぱなしになっていることが気になって仕方なく、いつもそれを元に戻して歩くとおっしゃっていました。

経営者の方は、社内の細かなことを実によく見ているものです。上司を観察していると、上司が社内で何に目を留めているのか、何を気にしているのかに気がつくことがあります。上司の視点に気づくことは、上司が気づく前に、先んじて行動できるということです。気づく、気が利く行動の前には、まず観察があるのです。

上司が社内で目を留めているものを観察する

郵便物とゴミ箱に注目

会社には、日々たくさんの郵便物が届きます。上司の席にあるゴミ箱のゴミを捨てる際に、さりげなく捨ててある郵便物を見てみると、上司にとって不必要なもの、興味のないものが推測できます。封から出さずに捨てているＤＭがあれば、今後、同じようなものが届いても、不要かもしれないと想像できます。折を見て、「〇〇のＤＭ類は、今後はご不要でしょうか」と聞いておけば、上司に渡すまでもなく、今後はこちらで処分することができます。上司が不要でも、社内の他部署に関係しそうな情報であれば、そちらに連携することもできます。

いただいたお手紙に、上司が直接返事を書くこともあります。そのはがきの投函を頼まれると、どのような郵便に返事を書いているのかが分かります。以後、返信する可能性があるものは、すぐに確認できるよう、通常の郵便物とは別にして、デスクの上に置いておくこともできます。締切までに返信が必要なものは、こちらで保管しておいて、締切に合わせて上司の確認を取り、こちらで返信すれば確実ですし、上司の手間も省けます。

先回りした対応をするには、観察して気づいた行動の理由を想像し、具体的に聞いてみる出張が多く、会社にいることが少ない上司の場合、郵便物を確認できるまでに、かなり時間がかかります。そのため、必要に応じて、デスクに直接置いたり、郵便物が届いていることを報告したりと、個別に対応ができます。

郵便物の動向を観察するだけでも、次の行動を予測し、先回りして対応することができるのです。時にはさりげなく、上司が何に目を留めているか、何を気にしているか、何にリアクションしているかを観察してみることをお勧めします。

とはいえ、「いつも観察されている」「ゴミ箱までチェックされている」と思えば、上司も気持ちのよいものではないでしょう。気づいていても、あえて気づかないふりをすることもあります。「見ていないようで、見ている」「見ているようで、見ていない」、そんな相反する態度も時に必要かと思います。

実際に上司の席に座って、文字通り相手の立場・視点で周りを見てみる

たとえば、上司の椅子に、実際に座ってみたことはありますか。

上司というポジションに、実際に就くことはできませんが、上司が不在のときに、こっそり上司の席に座ってみることはできますよね。実際に座ってみると、上司がそこで見ているもの、感じていることを、実際に体験することができます。

椅子の高さや座りやすさ、温度や窓からの光の入り方、周囲の環境、動線、その場所からオフィスがどのように見えているか、どこまでが視界に入るかなど、想像だけでは分からないことを実際に体感することができます。

自分の席から上司を見た景色は知っていても、その逆の景色は、実際に座ってみないことには分かりません。上司から自分の席がどう見えているか、座っている様子がどこまで見えるのか、目線は合いやすいのか。頭は見えるが、電話中かどうかまではよく見えないようなら、電話中でもそれに気づかずに、呼んでいるかもしれません。

来客するお客さまになったつもりで出社してみる

同様に、弊社に初めていらっしゃるお客さまになったつもりで、実際に駅からオフィスまで来てみるということもありました。案内地図通りに来られるか。駅の出口は

実際に相手の立場に身を置いて
体験してみる

どう見えるか、ビルの名前はどこに書いてあるか。自分にとっては、何年も通った通勤路でも、初めて来る方には違う見え方がするはずです。
オフィスの入り口に入って、オフィス全体を見渡してみると何が見えるか。応接室に入って座ってみるのもいいでしょう。それによって、オフィス内の掲示やデスクの上に置いてあるものにも、気づくことがあるかもしれません。

また弊社はセミナーを開催するための教室がありますので、実際にセミナーを受講するつもりで、受講者席に座ってみることもあります。席によって、ホワイトボードに書いた内容が見えないこともあるので、会場設営の際には、何ヵ所か席に実際に座ってみて確認します。立ち上がろうとして椅子を引いたら、後ろの席に当たってしまうこともあるので、背中合わせに置いた椅子は、両方引いてみて位置を確かめます。

相手の立場に立って「考える」ことはとても大切なことですが、実際にそこに「身を置いてみて」分かることもたくさんあります。自分から見た景色と相手から見た景色は違うということを実感するためにも、ときどき文字通り視点を変えてみると、新

実際にその立場になってみる
（行ってみる、やってみる、座ってみる、立ってみる）

しい発見が得られます。

傘の忘れ物が多いなら、あらかじめ声をかける

傘と言えば、忘れ物の代名詞です。以前は傘をお忘れになるお客さまも多く、そのたびに連絡を取り合ったり、後日改めて受け取りに来ていただいたりと、お手間をおかけしたものでした。そこで、「傘のお忘れ物はございませんか？」という立て看板を作り、雨の日にエレベーターホールに出すようにしました。この看板を見て「あっ傘！」と思い出してくださるお客さまがとても多く、傘のお忘れ物がなくなりました。

よく起こる困りごとは、相手にとって不便なこと。どこに問題があるのか、何があれば解決するのか、観察してみるとできることが見えてくるものです。

観察して気づいた不便を
先回りして解決する

ビジネスパーソンのための
ワンポイント「秘書力」❽

実際に相手の立場になって観察する

相手の立場になって考える、ということは意外と難しい。頭で考えるだけでなく、文字通り、相手の立場に身を置いてみることだ。行ってみる、やってみる、座ってみる、立ってみることで、普段の自分には見えていなかったものが見えてくる。想像するだけでは得られない情報、課題がたくさん得られ、その結果、解決策が見つかることが少なくない。

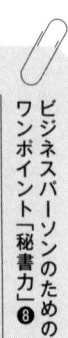

「自分だったら」と想像し、できることを考える

自分がお客さまだったら、何をしてもらったらうれしいか？

自分の経験を振り返ってみることも、想像するためのよい方法です。

たとえば、お天気の悪い日に外出しなければいけないのは、気が重いものです。洋服や靴が濡れて何とも不快ですし、傘を持つと、片手が塞がり不自由です。荷物が多い日だったら、ため息のひとつも出ることでしょう。

あいにく雨や雪の日にご来社いただいたお客さまも、そんな気持ちでお越しになったかもしれません。そんなお客さまを、どのようにお迎えしたら喜んでいただけるでしょう。自分が訪問する立場だったら、何をしてもらったら有り難いだろうと、相手の立場に立って考え、想像すると、いろいろなアイディアが浮かんできます。

弊社では、お召し物やお荷物が濡れていらっしゃるお客さまにお貸しできるよう、受付にタオルをご用意し、「よろしければお使いください」と言ってお渡ししています。遠慮される方もいますが「お荷物も濡れていらっしゃいますので、どうぞ遠慮なくお使いになってください」とお勧めすると、それではとお使いになる方が多いです。

また、ご来社時は降っていなくても、弊社にいらっしゃる間に雨が降ってくることもあります。傘を持たずに来社された方にお貸しできるよう、ビニール傘を常備していますので、雨が降ってきたら、その傘を受付近くに用意しておきます。「雨が降ってきましたので、お使いください」とスムーズにお渡しができます。

お返しいただく必要のない傘ですが、丁重に返してくださる方もいます。あるお客さまは、帰宅されてからお礼のメールをくださり、さらに翌日「昨日は助かりました」とお菓子を持って、わざわざ傘を返しにお立ち寄りくださいました。ビニール傘にそこまでなさる方もいるのかと、頭が下がる思いがしました。

「前回傘を貸していただいたので」と、次回ご来社の際に、新品のビニール傘を十本ほど持ってきてくださった方もいました。百貨店でお買いになった高級な傘を、お返しにお贈りくださった方もいました。気づいたことを実践してみると、相手からさまざまな反応が返ってくるものです。その反応が、さらなる気づきに繋がります。

気遣いのベースは「自分だったら」と想像すること

エグゼクティブクラスの方はとにかく多忙です。私の上司も多くの仕事をこなし、今日も台風が近づくなか、関西に出かけて行きました。出張も多く、体調管理は気がかりなところです。上司は秘書である私について、「自分の身体を気遣ってくれて助かる」と言ってくれますが、私から見ると、「気遣っている」というよりは「共感している」という言葉が近い気がします。

夜遅くに出張先から帰宅し、翌朝も早くから次の移動。移動中は原稿執筆などこなして、到着したらすぐに講演やお客さま訪問等々。もし自分だったらと考えると、「身体がつらいなあ」「元気が出ないなあ」「ここは休みたいなあ」「できれば前日入りしたいなあ」と思うスケジュールがたくさんあるのです。

自分に置き換えて想像してみると、つらいかもしれない、難しいかもしれない、と

「気遣い」とは、「自分だったら」と
自分に置き換えて想像することから
生まれる

思うスケジュールでは、それを回避したり緩和したりする手段を講じておこうと配慮することができます。早朝移動を伴いそうなスケジュールに関しては、前日から移動できるよう、前日午後のスケジュールを空けておく、ホテルを押さえておくなどの対策が取れます。原稿の締切日までに執筆できる時間が取れるよう、急ぎでないスケジュールは後に入れておくことも考えられます。

講演や研修に行く際にも、「自分がそこに行く立場だったら」という観点で見直すと、用意すべきこと、必要な情報が見えてきます。行先も◯◯ビル何階、◯◯ホテルだけではなく、到着したらどこへ行くのか、誰を訪ねるのか。担当者と行き違いがあった場合は、どこに連絡すればよいのか。次の移動の時間や移動手段など、自分だったらその場で困るであろうことを、あらかじめ用意してあれば、上司を困らせることもありません。「気が利く」とは、自分に置き換えて想像することから生まれてくるのでしょう。

最適な段取りをしながら、「自分だったら」という観点でプラスアルファで用意すべきこと、ほしい情報を洗い出す

不測の事態に備えて、常にプランB、プランCを用意しておく

荒天や台風などの天候状況にも対応できるよう、天気予報を睨みながら、プランB、プランCを用意しておくこともあります。もし飛行機が飛ばなかったら、路線を変更して対応可能なのか、新幹線なら移動可能なのか。宿泊して、翌日移動しても間に合うのか。今日も新幹線が止まったときの対応方法を打ち合わせて上司を見送りました。

「共感」しても「決めつけない」柔軟さを

「共感」は相手の感情を受け止め理解し、思いやるための重要なスキルです。一方で、相手は、自分とは違う別の人間であり、感じ方もそれぞれです。「私だったら」を活かして想像することはあっても、その感覚が絶対ではないことを肝に銘じておかなければなりません。決めつけは禁物なのです。

自分のアクションではなく、目指す状態をゴールにする

ある講演会の会場で、こんな光景を目にしました。

スタート時点で会場はほぼ満席。遅れて来場したお客さまを空いている席に案内するため、スタッフが会場後方に控えていました。

開始から二十分ほど遅れて、女性のお客さまが入ってきました。案内係のスタッフが空席へと誘導し、お客さまがその席に座ろうという仕草を見せたところで、案内係は役目を果たし、お客さまには背を向けて、自分の所定の位置である会場後方へと戻りかけていました。

そのお客さまは、案内された席にそのまま座るのかなと思った瞬間、なぜかくるっと、その案内係の方を振り返ったのです。

なぜ振り返ったのかは、私にも分かりませんでした。このお客さまは、手にたくさん荷物を抱えていたので、椅子を引いてほしかったのかもしれませんし、その荷物を置く場所がどこかにないかと、案内係に訊ねたかったのかもしれません。あるいは案内された席に一度は座ろうとしたけれど、やっぱり別の席がいいなと思い直したのかもしれません（私もそういうことがよくあります）。他にも、何か案内係に聞きたいことがあったのか、気にかかることがあったのかもしれません。

でも残念ながら、その案内係はすでにお客さまに背を向けていたので、お客さまの視線に気がつくことはありませんでした。お客さまも諦めて、前に向き直り、何事もなかったように席に座りました。

案内係が気づいてくれなかったからと言って、このお客さまは文句を言ったり、クレームを言ったりすることはないでしょう。座った瞬間に忘れてしまうような些細なことだったのかもしれません。でも、こんな些細な瞬間が、日常生活には意外にあるものです。こんなとき、その視線に気づいてくれる人と、まったく気づいてくれない人。

この違いって、何でしょう？

「気づく」人は、自分の仕事の本当のゴールを分かっている

この案内係の人は、「お客さまを空いた席に誘導する」ことが自分の役目だと思っていたのではないでしょうか。席に誘導した時点で自分の仕事は終わり、そこでお客さまから気持ちが離れてしまっていたのだと思います。案内した席にお客さまは落ち着いて座ったか、セミナーに問題なく入れているかは、自分の仕事ではないので関心の外です。人は関心を向けていることしか、気づくことができません。そのため、お客さまが発しているサインをキャッチできなかったのでしょう。

「気づく」人は違います。この場合であれば、「お客さまが落ち着いて、セミナーを受講できる状態になる」ことが自分の仕事のゴールだと思っています。席に誘導するのは、そのためのひとつのアクションでしかありません。案内した席に、お客さまはスムーズに座れたか、落ち着かない様子や不都合はないか。支障なくセミナーに入れているか。そんな様子を感じながら、お客さまがその状態になったことを見届けて初めて、気持ちを次に切り替えているのです。

> 決められたことを「やって」終わりではなく、あるべき状態に「なった」ことをゴールにする

見届けると言っても、そばにピッタリ張り付いている必要はありません。お客さまから離れながらも、背中を向けず、お客さまの様子を視界に留めていれば、何か支障のある様子、困っている様子などが目に入ってきますし、呼ばれる前に気づいて、先回りして対応することもできます。

仕事を主体的にとらえれば、お茶出しでも、ここまでできることがある

お茶出しという仕事ひとつでも、主体的に取り組むことで、気づきがまったく違ってくるものです。

東北からお越しくださったお客さまと、弊社で打ち合わせをすることがありました。その日東京では雪の予報が出ていましたが、雪ではなく雨が降る一日でした。

「東京は雪だと聞いていたのに、雨だったんですね。雪なら傘いらないなと思ってきたんですが」。私も東北出身者ですので、「東北の人は、多少の雪なら傘持ちませんものね」と雑談し、その後少々長い打ち合わせとなりました。

打ち合わせが終わり、お客さまがお帰りになるときのことです。

応接室を出て、入り口までお送りすると、入り口にはすでに、お客さまに差し上げるためのビニール傘が用意されていました。雑談の中で、傘をお持ちでないことは聞いていましたので、お帰りの際には傘をお渡ししなければとは思っていました。しかし、私が用意するまでもなく、すでに新品の傘の用意がされていたのです。

実は、打ち合わせ中にお茶を出してくれたスタッフが、私たちの会話を耳にして、お客さまが傘をお持ちでないことに気がつき、お帰りになる前に用意してくれていたのです。お客さまは驚き、喜んでくださいました。私は打ち合わせ中、一度も席を立ちませんでしたから、こっそり他のスタッフに指示する暇もなく、それなのになぜ傘が用意されているのだろうと、一瞬不思議に思われたことでしょう。翌日、お客さまから「おもてなしの心が身にしみました」と丁重なお礼のメールをいただきました。

お茶出しという仕事ひとつ取っても、お茶を出すだけで終わる人と、ちょっとした情報や変化に気がつき、対応できる人がいます。

お茶を出すという名目で、応接室に入る機会を得られるのですから、室温は快適だろうか、備品や資料など必要なものはないだろうか、お客さまが緊張されていたりし

自分の仕事の本来の目的を考えれば、与えられた業務以上にできることはたくさんある

て、お声掛けが必要ではないだろうか、などいち早く気づき、対応するための重要な仕事が、お茶出しです。

自分はお茶を出すことだけが仕事ととらえていると、それ以外のことは、自分には関係のない他人事となってしまいます。気がつく人は、自分の周りで起こることを他人事ではなく、自分事として捉えています。自分事だからこそ、自分ができること、やるべきことを察知しようとアンテナが立つのです。

ビジネスパーソンのためのワンポイント「秘書力」❾

目指す状態を見据えると、気づく人に近づける

これをしたから自分の仕事は終わりと考えるのではなく、目指す状態になることをゴールにすると、ルーティンとしての業務以上に、できることがたくさんあることが分かる。それが仕事に主体的に関わるということであり、気づく人と気づかない人の大きな違いである。

気がつく人は、自分の周りで起こることをすべて自分事としてとらえている

あえて注意を広く散らし、状況変化をキャッチする

ある雑誌のインタビューで、脳神経外科のお医者様が「ミス防止術」をテーマにお話ししていらっしゃいました。「繊細な手術を長時間続けるには、高度な集中力が必要ではないか」という質問に対して、

「過度な集中力は不要。注意を散漫にすることで、さまざまな変化が飛び込んできて、臨機応変に対応できる」

と答えていらっしゃいました。

外科手術とは全く違う世界ではありますが、目の前の仕事に集中しすぎると、それ以外の状況が目に入らなくなってしまうということは、秘書の仕事でも日々経験する

ことです。

私の業務時間を振り返ってみると、来客や電話対応、急ぎのメール、上司からの指示や連絡、社内外の調整などが頻繁に入ってきます。上司の動きを見ていて、次の対応に備えておく必要もありますし、社内で動いているさまざまな業務の状況、社内で話されている会話もなんとなく耳に入れておくことによって、機転を利かせて対応できることもあります。あえて注意を散漫にしておくことで、さまざまな変化が目に入り、臨機応変に対処できるというのは、お医者様も秘書も同じだなと思い、興味深くその記事を読みました。

オフィスでは、時々顔を上げて社内全体をなんとなく見渡すのが癖になっています。誰がどこにいて何をしているか。応接室や会議室のどこを今使っていて、来客は何時からどの部屋に入っているのか。社内全体の様子を広く遠く見渡し把握するために、ときどき顔を上げて周囲をぐるっと眺めているのです。

どこかでフォローが必要になったとき、誰かがカバーに入ったのを見届ければ、自

目の前の仕事に集中しながら、
状況変化にも気を配る

分はそこには行かず、別の場所にカバーに入った方がよいと判断できます。来客が長引いているようであれば、お茶を淹れ替える必要がありますし、次の来客や応接室の使用に影響するようでしたら、対応しなければなりません。上司から急ぎの指示があれば、そちらに入ることもあります。

弊社ではセミナーを開催することも多いため、ご参加の皆さまが休憩時間になると、トイレや喫煙場所を利用されます。休憩時間の前後には、トイレや喫煙スペースがきれいになっているかを確認しておくことはセミナー担当者の仕事ではありますが、手が回らないときには、社内でフォローし合うことも必要です。

昼食休憩やトイレに立つときでさえ、社内を把握しておけば、電話に出られる人がいないなどの状況を防ぐことができるのです。弊社のように社員数の少ないオフィスに限らず、大人数のオフィスであっても、互いに日頃から気にかけていることで、さりげなくカバーし合える体制が取れるはずです。

集中状態・散漫状態を意識して使い分ける

もちろん自分が今やっている仕事に適度に集中することは必要です。しかし集中し

日頃から社内の状況を把握して、さりげなくカバーし合える体制を築く

すぎて、お客さまがいらしていることにも気づかない、電話が鳴っていても反応が遅れるということでは、広範囲に業務をカバーして動くことができません。

オフィスマネジメントの観点で全体を見て、自分がどこにポジションを取ればよいか、どこをカバーすべきかを把握するために、時々全体を眺めるという動作を習慣にしていると、気づく人に近づけるのかもしれません。

気配という言葉があります。気づく人というのは、広く全体に注意を散らしておくことで、この気配を察知し、人より先に動くことができます。エレベーターが開いた気配、電話が鳴る瞬間のかすかな音やランプの点灯。窓の外が暗くなってきた気配を感じて、傘を用意しておいたり、応接室から聞こえるグラスの中のカランという氷の音で、冷たい飲み物が空になったことを察知します。これも秘書の気づき力です。

第4章

秘書力とは、「問題解決力」

常に最善の行動が求められる仕事だから、問題解決力が問われる

正しさだけを主張しない、相手の気持ちに寄り添う「真の問題解決」

自社でセミナーを開催しているため、その運営に入ることも多くあります。そうすると、ときに寝てしまうお客さまがいらっしゃいます。こういう場合、皆さんが運営スタッフだったら、どのように対応しますか。

経営者の方々が対象のセミナーでしたら、声をかけて起こすのはお客さまに恥をかかせる失礼な行為ですし、かといって、そのままにしておくことは、講師の方に対して失礼な場合もあります。近くの席の方も、不快な思いをしているかもしれません。

こんなとき、私はよく、ひざ掛けを持って会場内を回ります。近くを人が通るだけで、刺激を受けて目が覚めるかもしれませんし、眠気と必死に闘っている方には「ひざ掛けお使いになりますか」と声をかければ、自然に起こして差し上げることができます。

もちろんこれは、寝ている人を起こすためだけではありません。会場内の温度を確認しながら、エアコンで冷えていらっしゃる方にひざ掛けをお貸しすることが、本来の目的です。会場内の暑い寒いに、素早く気づいて温度調節をすることもできます。

「○○はご遠慮ください」と注意しなくてすむよう、あらかじめ対応する

またお客さまの様子を見ながら会場を回っていると、セミナーに参加している方にいくつかの行動パターンがあることに気づきます。

講師が話している資料の箇所を必死に探している方。途中で話を追い損ねてしまったのでしょうか、テキストをパラパラとめくり返している方が必ずいるものです。その場合、「今、ここを話しています」とページを開いてお教えすれば、その方も講義に集中できますし、近くの席の方も、パラパラと資料をめくる人に気を取られずに済みます。

筆記具を探している方も、必ず見受けられます。貸し出し用のペンを受付に用意していても、いったんセミナーが始まってしまうと、休憩時間までメモが取れません。

席を回っていれば、すぐに気づいてペンをお貸しすることができます。
携帯電話に着信が入り、電話に出ようとする方もいます。躊躇しているうちに会場外に出るタイミングを逸することもありますので、迅速に会場外へとご案内すれば、その場で話し始めてしまうことも防げます。

セミナーというと、冒頭にさまざまな注意が述べられることが多くなりました。もちろん必要な注意ではあるのですが、「○○はご遠慮ください」「○○はおやめください」「○○はお控えください」とあれこれ注意をされるのは、あまり気持ちのよいものではありません。注意をするのではなく、こちらが先回りして対応することで、お客さまにも講師にも不快な思いをさせることなく、丸く収まる術があるのです。

どちらが正しいかではない。相手に納得してもらうことが目的

多くの方と接し、ときに批判やクレームを伺って思うのは、正しさを主張し、間違いを指摘することは、問題解決にならないということです。
たとえば依頼された件についてこちらからメールをお送りしているのに、メールが

注意・お願いをするのではなく、先回りして、注意しなくてすむような状況を作る

届いていないと非難されたとき。

こちらは確かに送っている、手元に送信した記録もある。こちらに不備がないと思えば、それを主張し、弁明したくなる気持ちが湧いてきます。でも、責任問題で争っているわけではないのですから、こちらの正しさを証明する必要などないのです。こちらにも何か不備があったかもしれないというスタンスに立ち、少なくとも、手間をおかけしてしまったことをお詫びし、今求められていることに対応することで、スムーズに問題解決が図れることがあるのです。

こちらは絶対に間違っていないというスタンスは、相手の気持ちを濁らせます。こちらにも不備、不手際があったのかもしれないという前提で対応すると、不思議なことにその後、「こちらの手違いでした、申し訳ありません」と、先方からお詫びをいただくことが多くなりました。

お客さまからの批判やクレームは、正しいかどうかの問題より感情的な部分が大きいのです。「気が済む」という言葉がありますが、相手の気が「澄む」対応をすることが、ご納得をいただくために一番大切なことなのです。

批判やクレーム対応で大事なのは、こちらの正しさを証明することよりも、相手が納得するかどうか

13 ノーを言うのは簡単。できることを考える

仕事の中では、さまざまなご相談やご依頼、お問い合わせが寄せられます。もちろんできる限りお応えしたいと思いつつも、残念ながらお応えできないこともたくさんあります。「申し訳ございません、あいにく○○はできかねます」という言葉を使わざるを得ないことも、場合によってはあるでしょう。

そんなときに、いつも一瞬頭をよぎる言葉があります。

「ノーを言うのは簡単」。〝できません〟〝分かりません〟〝ありません〟〝知りません〟は、何も考えなくても返せる言葉です。ノーと言いたくなる気持ちをグッと抑えて、少しだけ考えてみたいものです。

何らかの方法で、ご要望に応えるやり方はないのか、ご依頼のことはできなくても替わりの方法はないのか、ご要望はかなわないとしても、相手の気持ちに沿うために

依頼、要望、問い合わせに応えられなくても、相手の気持ちに沿うためにできることを考える

何かできることはないのか。

そこまで考えて、対応してもらえたら、たとえ要望はかなわなかったとしても、「ここまでしてもらったんだから、仕方ないな」と、心に納得感が生まれるのではないかと思うのです。

期待に応えられなくても、気持ちを受け止め寄り添う対応を考える

以前、弊社の会合にご参加いただいたお客さまから、会場に名刺入れを忘れたと、ご連絡をいただいたことがありました。

会合の冒頭には、参加者数人と名刺交換をしているので、その時は確実に名刺入れを持っていたこと。会場を出て、どこにも寄らず駅まで行き、駅で忘れ物に気づいたので、会場で忘れたことに間違いないとおっしゃいます。ＩＣカードなどの貴重品も入っており、どうしても探したいというお気持ちも、ご連絡から伝わってきました。

すぐに会場で確認しましたが見当たりません。日を改めて、会場の方に探してもらい、全館からの遺失物も確認していただきましたが、それでも見つかりませんでした。

表面的な問い合わせに対応するのではなく、その奥にある相手の気持ちを受け止める

まずは会合の担当者からお客さまに、残念ながら名刺入れが見つからなかったことをご返事しました。直接その場に立ち会ったわけではないのですが、お客さまにしてみれば、仕方ないとは思いながらも、絶対あの場所に忘れたはずなのにという、やりきれないお気持ちだったことは、容易に想像ができました。

何か他にできることはないかと考え、会合に出席した方全員に、確認することを思いつきました。色やブランド名をお伝えして、そのような名刺入れをご存じではないか、間違って自分の荷物に紛れ込んでいないかを、お一人お一人に確認したのです。

幸いにもご出席の皆さま全員と連絡を取ることができ、ご自身の荷物を再度調べていただきました。残念ながらこのときは、名刺入れは見つかりませんでしたが、後日、参加者の方が間違ってお持ち帰りになっていたことが分かり、落とし主の方にお返しすることができました。

もし私がお客さまの立場だったら、果たして真剣に探してくれたのだろうかと思うでしょう。自分の大事なものを失くしてしまったという気持ちを受け止めて、それを

自分が相手の立場だったらどう思うか、何をしてもらえたらありがたいか想像して実行する

一緒になって探してくれたということが、相手の気持ちに寄り添うことではないでしょうか。

「ノーを言うのは簡単」です。その言葉を返す前に、何かできることはないかと、少しだけ考えてみたいものです。

ビジネスパーソンのための
ワンポイント「秘書力」⑩

相手の気が「澄む」ことが、真の解決

クレームやトラブルが起きたときは、相手の気持ちに寄り添い、自分のできることを考える。たとえ、こちらに落ち度がなかったとしても、相手の気が「澄む」対応を考えることで、結果的に解決に繋がることも多い。

自分だけでは限界がある。人の力を借りる方法

依頼の際には配慮と必然性を盛り込む

ちょっとした相談レベルのことから難題まで、秘書にはさまざまな問題が持ち込まれます。自分一人では解決できないことも多く、誰かにお力を借りたり、動いてもらったり、助けてもらったりすることが多々あります。困ったときだけ頼んでくると感じたら、相手も不快なもの。いざという時に、人に気持ちよく助けてもらえるかどうかは、日頃の積み重ねがすべてです。

ある方にお願いごとをしたとき、「お返しをする番が来て嬉しいです」と言っていただいたことがあります。自分が日頃、どれだけ人のお役に立てているかが試される

のだと、人に依頼することの重みを感じた出来事でした。

人は誰でも、自分の能力やスキルを見込んで頼み事をされたら、応えられるかどうかは別としても、決して悪い気はしないものです。頼み事をされて嫌な気持ちになるのは、配慮がない頼み方をされているか、自分でなくてもいいことを頼まれているかのどちらかです。

配慮のない頼み方としては、たとえば、突然メール一本で急ぎの要件を頼まれることがあります。すでにリレーションのある方や、これまでにも同様の依頼を受けている場合は、メールの方が都合がよいこともあるので、一概にメールでの依頼が悪いというわけではありません。ですが、今日メールを送って、今日中に対応を依頼されるような場合は、相手に対する配慮が感じられないと受け取られても仕方ないでしょう。相手との関係性や、依頼内容の負担感や緊急度など、細やかな配慮が必要なのです。

そして、なぜ「あなた」に頼むか。「あなただからこそ」「あなたでなければいけない理由」が大切です。たとえば私の上司は、年間百本近い講演依頼をいただきます。「〇月○日に講演をお願いします」と依頼されるのと、「○○のご著書を拝読し、○○についてたいへん感銘を受けました。ついてはぜひ、そのお話を多くの方に聞いていただきたく、講演をお願いできませんか」と依頼されるのとでは、お引き受けしたいという気持ちに違いが生じて当然でしょう。「あなたでなければ」という理由が、人を動かすのです。

また、私の上司がプロデュースしている『小宮一慶のビジネスマン手帳』(ディスカヴァー刊)でも、ある方に協力をいただいています。この手帳には、鉄道路線図が掲載されているのですが、駅名が変わったり、新駅ができたり、鉄道会社の乗り入れがあったりして、毎年さまざまな変更が発生するのです。このメンテナンスを鉄道素人の私たちだけで行なうのは、到底無理な話でした。

そのときに私が思い浮かべたのは、弊社のお客さまで、鉄道マニアのH様です。H様でなければできないこの仕事に協力をお願いしたところ、快くお引き受けくださり、「私の特技を発揮できる仕事をくださって、有り難いです」とまで言ってくださったのです。

依頼するときには、なぜ「あなた」に頼んでいるのか、理由や経緯を丁寧に伝えるそれからは毎年、H様がその持てる知識を遺憾なく発揮されて、完璧なメンテナンスをしてくださっています。

その場のお礼で終わらない、お礼はその後が大切

喜んで私の依頼を引き受けてくださっているH様ですが、それだからお願いしっぱなしでよいということではありません。気持ちよくお引き受けいただくために、依頼事項が終わった後の、お礼と報告を大切にしています。

鉄道路線図の修正原稿をいただいたときに、当然その場でお礼はお伝えします。ですがその場でお礼を言うのはあたり前のことで、お礼はその後が肝心です。手帳が完成したときに改めて、完成した手帳とともにお礼状をお送りしています。電車好きのH様に鉄道に関係した仕事をお願いしているので、何か鉄道にちなんだお礼状をと思い、ささやかなことですが、電車の便箋を使ったり、電車のシールを貼ったりして、少しでも楽しんでいただければという気持ちでお送りしています。

依頼事が終わった後に
改めてお礼と報告をする

三回目のお礼が、人を動かす

直後のお礼は、誰でもするものですが、完了した時点で改めて二度目のお礼を伝える人は、かなり少ないようです。さらにそこから時間が経って、その後の動きや事後報告とともに三回目のお礼をお伝えできるよう、心掛けています。

出版社さんが開設しているツイッターで、この手帳を取り上げていただいたことがあります。制作の過程で、編集者さんには、鉄道路線図のメンテナンスを、鉄道に詳しいお客さまにお願いしていることをお伝えしていました。そのこともあって、付録の路線図情報がとても詳しいとツイッターに記事が載ったのです。そのスクリーンショットを早速H様にお送りしたところ、H様もとても喜んでくださり、ご自身のSNSにも上げていただきました。自分がしたことが、その後、どんな形で役に立っているのか、どう評価されているのかを知って、嬉しくない方はいません。力を貸してよかったと思ってくださるかもしれません。

成果や実績については、必ずしもご報告できる場合だけではないでしょうが、時間が経ってからいただくご報告がとても嬉しいこともあります。私も人を紹介した一年後に、そのご縁がこう繋がりましたというご報告をいただいたことがあります。一年経っても、そのご縁のきっかけを覚えていてお礼をくださったことに、とても感激しました。こういう方のためなら、また力になりたいと思うものです。

協力してくれる人を大事にする

秘書に限らず、私たちの仕事は多くの方々の協力なしには成り立たないものです。お客さまや社内の同僚だけでなく、協力会社さんや業者さんなど、日頃からどれほどたくさんの仕事に支えられていることでしょう。宅配業者の方、ネット回線や複合機、ビルのメンテナンスをしてくださる方、文房具やお弁当などを届けてくださる方、清掃をしてくださる方、セミナー会場や会食のお店の方、出張手配をしてくださる旅行会社の方や、宿泊するホテルの方など、ここに書ききれないくらい多くの方の仕事に助けられて、私たちの仕事は成り立っています。そういう方々にも日頃から、感謝の気持ちを伝えていますか。

ご協力いただいたことが、その後どのように役立っているか具体的にご報告する特別なことでなくてもいいのです。暑いなか寒いなか、戸外で仕事してくださっている方を気遣ったり、お待たせするときにお茶を出したり、飴やチョコレートなど、ささやかなものを差し上げることもあります。また私は、「有り難うございます」という お礼の言葉だけでなく「助かります」という言葉をよく使います。その方の仕事がどのように私を「助けて」くださっているかを、少しでも具体的に伝えたいと思うからです。

そして当然のことですが、「いらっしゃいませ」や「有り難うございました」などの挨拶を、お客さまと同じように、協力業者の方にもお伝えしています。弊社の経営方針には、「わが社に関わりのある方すべてがお客さま」という一文があります。この姿勢が、協力してくださる方に伝わると思うのです。

毎月映像収録のために、弊社にお越しくださるカメラマンさんがいらっしゃいます。先日、収録を終えてお帰りになるとき、いつも配置薬を補充に来てくださる薬屋さんと、エレベーターで一緒になりました。お二人をご紹介しつつエレベーターを見送っ

お礼の言葉だけでなく、相手の仕事がどう自分を「助けて」くれているかを伝える

たのですが、その後、カメラマンさんからメールをいただきました。
「こんなに偉ぶらない会社は珍しいと、薬屋さんとエレベーターで語り合いながらご一緒しました」

こんなお言葉をわざわざ送っていただけることを嬉しく思うと同時に、さまざまな会社を訪問して、皆さんそれほど偉そうな態度で対応されているのかと、むしろ悲しくなってしまいました。企業は自社のファンを作るために、多くのお金と人を充てて、様々な活動をしています。一番身近な、その企業に実際に出入りされている方から、その会社に対してよい印象を抱いていただくことが、マーケティング活動の第一歩ではないでしょうか。

自分一人の態度や行動が、会社全体のイメージに繋がります。「わが社に関わりのある方すべてがお客さま」という言葉を、実際の行動に落とし込んで一人一人が実践することが、とても大切なことなのです。

相手を大切にする気持ちを
実際の行動に落とし込んで
実践する

ビジネスパーソンのための
ワンポイント「秘書力」⓫

仕事において必須の「人の力を借りる」力

仕事をしていると、自分一人の力だけではどうにもならないことがたくさんある。「人の力を借りる」力が必ず求められる。

そのためには、普段から自分も積極的に周りを助けたり手伝ったりして、関係をつくっておくこと、そして、「なぜその人に頼みたいのか」を明確にして、相手の状況に配慮した依頼をすること。

そして頼んだら頼みっぱなしにせず、進捗に応じたお礼や報告をすることで、「役に立ててよかった」と相手に思ってもらえるよう、心を尽くすことだ。

状況に合わせて必要な役回りを考え、柔軟に行動する

お断りは、口調は柔らかく、態度は毅然と対応する

皆さんの会社にも、営業のお電話や売り込みの訪問があるかと思います。特に上司への取り次ぎを希望される営業の方には、どのように対応しているでしょうか。

秘書は、他の人が上司に接触することを管理する立場にあります。営業や売り込みの情報については、その情報が上司の時間をかけるだけの価値があるのか。組織にとって利益があることなのか。上司でなく、代理の人で対応可能なことではないかを考えて、一次対応をすることになります。

必要がなければきっぱりお断りすることは必要ですが、たとえ営業電話であっても、

相手は人間です。また、その瞬間はたまたま先方が営業マン、こちらがお客さまという関係ですが、時と場所が変われば相手がお客さまになることも十分にあり得ます。必要以上に相手を不快にすることなく、「案件は断られたけれど、いい対応をしてくれる会社だ」と思っていただける対応を心がけています。

上司への取り次ぎについては、「〇〇（上司の名前）はオフィスにいることが少ないため、ご用件は私が承ります」とお答えしています。「今日は不在」と答えれば、「後日改めます」となり、何度も電話をいただくことになります。「いったん秘書が聞くルールになっている」ことを、暗にお伝えすることで、トップに営業電話が繋がらない会社であることを認識していただきます。

そして要件を伺った上で、秘書が判断して対応します。

当社でニーズのない案件の営業であれば、必要がないことをお伝えして、お断りします。時期によってはお願いする可能性があることなら、今回はないが、機会があればそのときはお願いしたいと申し添えています。

担当者が別にいる場合は、担当者に繋ぎます。

上司から断るように言われているものについては、「本人が興味がない」「すでにお願いしているところがある」など、理由を明確にお伝えしてお断りしています。その場で判断できない場合は、まずは要件を伺い、「お願いする際は」「興味がある場合は」こちらからご連絡すると答えて、連絡先を伺っておきます。

上司の人間関係を把握しておくことで、的確な一次対応ができる

日頃から、上司はどのような情報であれば必要としそうか、興味がありそうかを把握しておくことです。また、上司の知り合いを装って電話をかけてくる方もいますので、上司の人間関係を把握しておくことも必要です。ただし、営業電話だと思って対応したら、本当に知人だったということもあり得ます。どちらであっても失礼のないよう、丁寧に対応したいものです。

断る場合の言い方として気をつけているのは、まずはご提案いただいたことにお礼をお伝えします。その上で、「せっかくご案内いただいたのに、お役に立てず申し訳

ない」「お役に立てそうもないことでお時間を無駄にしては申し訳ない」「(何かの機会に)お力添えいただくこともあるかと思うので、その際はよろしくお願いします」など、先方を立てること、完全に拒絶しない言い方に配慮しています。

口調は柔らかく、態度ははっきりと対応をすることで、この関門は、簡単には通過できないと思っていただくと、同じ方から何度もかかってくることはなくなります。

自分で決めて動く

秘書検定の講座や、秘書研修など、お互い初対面の秘書同士が集まる場に、何度か出かけたことがあります。通常、知らない人同士が集まる場というのは、独特の緊張感があるもの。誰も言葉を発しないなか、居心地の悪い思いをするものですが、優秀な秘書が集まる場は違います。すぐに自分から周囲の人に声をかけ、なごやかな空気を作り出します。この場でこの状況のなかで、自分は何をするのが最善かと考え自ら行動するのが秘書という仕事だからです。

上司とお客さまとの会食に同席することがあります。このようなとき、「会食に同

営業電話であっても先方を立てる。完全に拒絶しない言い方をする

断るときは、口調は柔らかく、態度ははっきりと対応する

席するように」ということくらいしか、仕事の指示は出されません。この指示を受けて、「一緒にご飯を食べればいいんだな」と思う秘書はいません。会食に同席することで、何を求められているのか、その指示の奥を読み取ることが求められます。会食の目的は、懇親であったり、仕事の打ち合わせであったり、人を紹介することであったり、慰労であったり、さまざまです。その目的を達成するために、その場で必要な対応を考え、実行するのが、同席したときの役割です。

席次や料理の注文、お土産の用意などは事前にやっておくことですが、苦手なものやアレルギーなどお店の方にお伝えしておく場合もあります。

お荷物を置く場所や、コートや上着をお掛けすること。遅れていらっしゃる方の対応もあります。

追加のお料理、お酒のお代わりやお水の注文。お手洗いの場所やご案内、席の温度、料理の進み具合や時間にも配慮しなければなりません。

お開きになったときにお待たせしないよう、前もって会計を済ませておいたり、会費制の会であれば、あらかじめお金を集めて、領収書をお渡しすることもあります。

上司にお客さまとの会食への同席を求められたら、そこで自分に求められていることを汲み取り、実行するお帰りの移動手段を手配しておいたり、お土産をお渡しするタイミングも考えて、席や出口に用意しておくこともあります。

全員が席を立ったら、忘れ物がないかどうか席を見回って確認します。恥ずかしくない程度に、簡単に席を整えて出ることもあります。お店の方にも、お礼をお伝えして辞去します。

会食のメンバーの関係性にも、配慮が必要です。

上司とお客さまとの間で、会話が弾んでいれば、間に入る必要はないでしょう。あいづちや頷きを交えて楽しくお話を伺いながら、お酒やお料理など食事の進み具合に気を配ることがその場の役割となるでしょう。

お互いにあまり接点がなかったり、初対面の方同士がいらっしゃる席であれば、他のお客さまをご紹介したり、その方に質問を投げかけ、お話を振って一緒に会話に入っていただけるように、間を取り持つことが求められます。そのため、事前にそのお客さまの会社のホームページを調べておいたり、興味を惹かれたこと、お聞きしたいことを考えておく場合もあります。

同じ仕事でも状況は毎回異なる。都度自分は何をするべきかを判断して行動するその場の空気を読み、聞き役になるのか、会話のアシスタントになるのか。自分が仕切るのか、仕切り役をお願いするのか。ホストとして誰を立てるのか。同時進行で行なう裏方作業は、タイムテーブルを頭に思い描けているか。細かな指示が出ることはないため、場を読む力、状況に合わせて自分で判断して行動する力を総動員する場面です。

第1部
〈業務遂行編〉
まとめ

- 仕事は、ゴールとする精度、クオリティによって所要時間を見積もる
- ゴールレベルのすり合わせは、具体的に答えやすい質問で行なう
- 段取りは自分の時間だけでなく、上司、関係者の時間まで考慮して組む
- 普段から自分の作業時間を計って把握しておく
- 「在社時間」ではなく、「作業に充てられる時間」で計画を立てる
- 取りかかって三分以内に済むことは、すぐにやってしまう
- ミス・モレは「意識」ではなく「仕組み」で防ぐ
- メールは署名機能に基本的な文章ごと登録して、個別の内容に時間と労力をかける
- 実際に相手の立場になってみる(行ってみる、やってみる、座ってみる、立ってみる)
- 自分の「アクション」ではなく、相手の「状態」をゴールにする
- トラブル解決は、正しさを追求・主張するのではなく、相手の気持ちに寄り添う

第2部

関係構築編

上司とは、言われなくても考えていることが分かる関係を築く。
上司を取り巻く社内外の人から、情報が入って来る関係を築く。
上司だけでなく、組織全体の成果を生むために、
仕事が円滑に進む関係を築く。
間を取り持ち、相手に伝わる言葉に翻訳し、裏で橋渡しすることで、
仕事がスムーズに動き出します。

第5章

秘書力とは、「接遇力」

よりよい関わりがよい仕事に繋がるから、
接遇力は欠かせない

よい仕事の土台は、接遇力にある

相手に「快」を与える接遇力を目指して

多くの方と接する秘書。当然、上司がお付き合いする方々とやり取りをすることも増えます。経営層の方、社会的地位の高い方、各界でご活躍されている方々など、自分より遥かに上のクラスの方々ともお付き合いしていく上で、相手を敬い、失礼のない対応をするためのビジネスマナー、接遇力は、秘書にとって必須のスキルです。

しかし、接遇力が求められるのは、秘書職だけなのでしょうか。マナーや接遇の基本は、相手の立場に立って考え行動すること、相手に対する思いやりやおもてなしの気持ちを、形にして相手に届けることです。さまざまな人と関わりを持ちながら働き、

相手に対する思いやりやおもてなしの気持ちは接遇という形にして相手に届ける

生きている以上、どんな仕事をしていても必要になるものです。

私がお会いした一流の方々は皆、それぞれ表現方法は違っても、関わる相手に「快、心地よさ」を与える方々でした。そこに至るまでには、常に相手の立場に立って自分を客観的に見つめ、自分が相手にどのように映っているか、どんな印象を与えているかを厳しく振り返って来られたのでしょう。自分の身だしなみや表情、態度や言葉遣いなどを、相手の目線に立って変えていった結果たどり着いたものなのだろうと思うのです。

きちんと身につけ、磨かれた接遇力は、あなたの信頼感を高め、相手との良好な関係を築くのに役立ちます。良い仕事の土台には、接遇力が欠かせません。反対に相手に与える不快感や礼を失した態度は、あなたの評価を下げるだけでなく、会社の信用を損ない、大きな損失に繋がります。取り繕ったものはすぐに見抜かれてしまうからこそ、小さなこと、些細なことから日々実践して、身につけていく必要があるのです。

挨拶、身だしなみの基本的役割を認識し、実践する

挨拶は〝しているか〟ではなく、〝相手に届いているか〟

以前ある企業で、事務職の女性社員の方を対象にした、ビジネスマナー研修を実施させていただきました。

とても真剣な表情で、熱心に受講してくださった二十代半ばの女性Aさん。お客さま対応のロールプレイングをしていただいたところ、真面目で誠実な印象は伝わるのですが、挨拶や話す声のトーンが低く少し暗く感じられます。せっかく相手に配慮した言葉遣いをしても、その気持ちが伝わってこないのです。

Aさんの良さをお伝えした上で、こうフィードバックをしました。

自分の口の周り10センチくらいのところだけで話していること。挨拶も言葉も、相手に届けるものだから、相手に届くように話さなければAさんの優しい気持ちも気遣いも伝わらず、とてももったいないこと。

具体的には、姿勢や顔の向き、視線を指導し、相手との距離を変えて声をかける練習を行ないました。

研修の最後、参加者お一人ずつに、研修での気づきを話していただきました。

練習はしたものの、まだAさんは声のトーンも低く、口の周りだけでボソボソ話す口調のままで話し始めました。「練習をやってみて、自分の声がモゴモゴしていて、口の周りだけで話していると教えていただいたので……」と話し始めた途中で、「あっ！　今私、口の周りだけで話していましたね」と自分で気づかれたのです。

「そうですよ、よく気がつきましたね。その気づきを、〝私〟に届けるように話して

挨拶では、声の大きさやトーンだけでなく、姿勢や顔の向き、視線も意識する

もらえますか？」とお願いしたところ、急にAさんは、姿勢を正し、顔を上げ背筋を伸ばしました。そして、口を大きく開いてはっきりと話し始めたのです。最後に「有り難うございました」と私に届くように発してくださった言葉は、ロールプレイングで見せた、相手に伝わらない挨拶とは、まったく違うものになっていました。

「挨拶なんて誰でもできる」と思っている方は、意外に多いのです。しかし挨拶言葉を口に出したら、挨拶ができるわけではありません。相手の存在を認め、言葉と声、動作に、心を乗せて相手に届けるということは、相手の心のミットにボールを投げるようなもの。その状況や相手によって、ふわっと優しいボールを投げた方がいい場合もあれば、ストレートをビシッと投げ込んだ方がいいときもあるでしょう。そしてそのボールは、相手に届くものでなければキャッチボールは始まらないのです。

ビジネスにおける挨拶には、組織を代表する人間として自分が対応しているのだというプロ意識が表れます。挨拶する自分の姿を通して、お客さまは会社を評価しています。あなたの挨拶は、しっかり相手に〝届いて〟いますか。

身だしなみを判断するのは相手

ビジネスにおいて服装や身だしなみは、相手に与える印象や信頼感に直結するものです。対人理解や対人対応力が求められる秘書は、自分の服装が相手にどんな印象を与え、それが仕事にどう影響するのかを正しく把握しておく必要があります。そしてそれは秘書に限ったことではないと思います。

自社はどんな業種で、どんなお客さまにお会いするのか。上司はどんな服装をしているのか。自社にお越しいただくのか、自分が先方に伺うのか。その日のスケジュールや仕事内容に合わせて、スーツがよいのか、上下別のジャケットスタイルがよいのかなどを考えて、その日の服装を決めています。来客対応が主であれば、明るく柔らかい印象を与える色やアイテムを選び、スカートとジャケットを基本形にしています。また、セミナーやイベントで運営スタッフとして動くときはスーツを着用する、という具合にその場に適した服装をすることは基本です。

服装や身だしなみを決めるときは、お客さま、上司の服装、場所、仕事内容から考えるこうした服装に気を配っている方は多いと思いますが、〝腕時計〟はどんなものを使っていますか？

社会的地位の高い方には、腕時計がお好きな方が多いです。私の上司も腕時計が大好きで、お客さまと楽しそうに腕時計の話をしていることもあります。そして腕時計の好きな方は、相手の腕時計もよく見ているものです。

高級腕時計は、その人の経済力やステイタスを示すものとして見られます。ですから、普通の企業に勤めるビジネスパーソンが身につけていて、違和感を与えるものでないかを、相手の視点で見直すことが大切です。

これは、お客さまが自社の商品サービスを買ってお支払いいただいたお金から、私たちのお給料は支払われているという、至極当たり前のことに思いが至っているかということです。お金をお支払いいただいているお客さまが、あなたの高級腕時計を見たときに、それを買うお金は、元をたどれば自分が支払ったお金ではないのかと、そんなお客さまの感情に思いが至るかどうかの感性、感覚は、秘書の仕事をはじめ、企業に勤めるビジネスパーソンにとってとても大切ではないでしょうか。お仕事や立場によっては、ステイタスをアピールすることも必要ですから、一概にどちらがよい悪いということではありません。自分の身だしなみ、持ち物を一度客観視した上で、その仕事のプロとして、判断すべきでしょう。

外出する際は、バッグも見られています。

お客さまを訪問したり、書類をお届けに行くこともあります。私は仕事で持つバッグは、A4ファイルサイズが入るものと決めていて、それより小さなバッグは持ちません。そして手土産などを紙袋で持つ以外は、バッグは一つだけです。女性用の小さなバッグを持つと、書類は別にサブバッグや紙袋で持つことになります。重要な書類を、紙袋に入れて持ち歩くのは心もとないものですし、雨が降ったりして濡れてしまうこともあります。書類を預ける相手から見ても、渡した書類を紙袋に入れるより、バッグにしまって持ち帰る姿に、安心を覚えるものです。

お辞儀にも、心を込めた対応を

相手に対する感謝の気持ち、お詫びの心を込めて頭を下げるという動作は、相手を敬う気持ち、謙虚な心を、言葉で語らずとも身体だけで表現するものです。日本では、子どもの頃から自然に、相手に頭を下げる動作を目にし、躾けられる機会があります。

しかしながら、美しいお辞儀が自然にできるようになるためには、正しいお辞儀の仕方を学び、練習し、日々実践することが欠かせません。そして、傲慢な気持ちがあると、素直に頭を下げることができません。だからこそ、お辞儀ひとつに、その人の人柄まで滲み出るのでしょう。

ある自動車販売店の前を通りかかったときのことです。車で来店されたお客さまがお帰りになるところで、男性スタッフが、お車を出口へと誘導し、お見送りされていました。車が車道に出たところで、そのスタッフの方は立ち止まりました。背筋が真っ直ぐに伸びた、気持ちのよい立ち姿勢で、指先まですっと伸びた手が、身体の脇に揃っていました。屋外でもしっかり聞こえる声で、「有り難うございました」とお声掛けした後、深々とお辞儀をされました。上体を腰から45度ほど傾けた、美しいお辞儀姿勢で、一番深いところで、ピタッと止まっていました。

美しいお辞儀が自然にできるようになるためには、正しいお辞儀の仕方を学び、練習し、日々実践する必要があるお辞儀では、相手の様子を感じ、呼吸を合わせることが重要です。相手に意識を合わせていないと、自分だけ先に頭を上げてしまったり、相手がまだそこにいるのに気づいて、慌てて何度も頭を下げる、ぴょこぴょこお辞儀になりがちです。メリハリがなく、落ち着きのない動作からは、丁寧さや思いの深さが感じられないものです。

ところがこの男性スタッフの方は、お辞儀の一番深いところでピタッと止まったまま、身体が動きません。お客さまの様子を伺う素振りも見えませんでした。おそらく、お客さまの車のエンジン音を聞いていたのではないかと思います。その音が近くの交差点を曲がり、だんだんと離れていき、完全に聞こえなくなった頃に、ゆっくりと上体を起こしました。お客さまの車が過ぎ去った方向に目を遣って、しっかりと確認した後、お店に戻って行きました。

惹きつけられるように一連の動作に見入った後、「もし私が車を買うとしたら、この方に相談したい」という気持ちが湧いてくるほどでした。深く美しいお辞儀姿勢、丁寧でありながら機敏な動き、お客さまの様子をしっかりキャッチする感受性。こんなお辞儀ができるスタッフがいるなら、このお店もきっと素晴らしいお店に違いない。

お辞儀では、相手に意識を合わせて、頭を上げるタイミングをはかるそんな信頼感を抱かせるものだったのです。

その人の人間性からお客さまに対する思い、仕事の仕方までが滲み出る。

お辞儀は、そんな力を秘めていることを、改めて感じました。

ビジネスパーソンのためのワンポイント「秘書力」⓬

お辞儀で信頼感を与える

身近なものであるお辞儀も、ただ頭を下げる動作ととらえるのではなく、心を込めて行なうと信頼感を与えるもの。

正しいお辞儀の仕方を学び、練習し、日々実践することで、相手を敬う気持ち、尊重する気持ちを、言葉で語らずとも伝えることができるようになる。

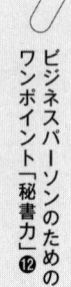

相手を尊重していることを伝える方法

名前を大切にして相手との距離を近づける

秘書の仕事をしていると、本当に多くの方とお会いする機会をいただきます。当社にお越しになるお客さまの来客対応だけでも、一年でのべ200件になります。他にも、セミナー会場でお会いする方、お電話やメールを中心に、やり取りする方なども含めると、一年で500人以上の方とお付き合いいただいているでしょうか。

そんなやり取りの中で、私が大切にしているものが「名前」です。

来客には「○○さま、お待ちしておりました」、セミナー会場では「○○さま、本日はご参加有り難うございます」など、お名前を呼んでお声掛けすることを心がけています。名前をつけて挨拶することで、相手は「自分に」挨拶してくれたという特別

相手の名前を呼んで
挨拶すること

感が高まり、気持ちのよい印象を与えることができます。

初対面の方とは、名刺交換をしますね。「○○さまとお読みするのですね？」などと名刺の内容を確認するまでは、皆さんよくされていると思います。私はさらに、その後の会話でも、「○○さまはいかがですか？」などと相手の名前を入れて話をするようにしています。名刺交換をしたその場で何度かお名前を呼べば、早くお名前を覚えられます。そして何より名前を覚えて呼んでもらったということは、大勢の中の一人ではなく、自分という存在を認めてもらえたということ。名前を呼んでもらえる心地よさは、呼んでくれた相手への好印象や信頼感に繋がります。

対面の場合だけでなく、電話やメールでも同様です。

お電話で相手が名乗ったら、「○○さま、お世話になっております」と応対します。「○○さま」には本当にお世話になっているという気持ちを強く込めると、その気持ちが声に乗り、表情として電話を通して伝わります。通り一遍の電話対応とはまったく違うやり取りになります。

名刺交換した後も、会話の中で
相手の名前を呼ぶ

社内で取り次いでもらった電話に出る際にも、「○○さま、お電話替わりました、井出でございます」と、相手のお名前を呼んで出るようにしています。電話をくださった方は、最初に電話に出た者に当然名乗っています。社内でしっかりと「○○さまからお電話です」という電話の取り次ぎができていれば、取り次がれた時点で、相手が分かっているのです。そうであれば、相手のお名前を呼びかけて出ることで、何度も相手に名乗らせる手間を省けますし、きちんと電話の取り次ぎができている会社だという安心感を、相手に与えることができます。

メールの場合も、「○○さまにはお心遣いいただき、感謝しております」など、相手がしてくれたことには、お名前をつけて感謝の言葉を述べるようにしています。

取り次いでもらった電話に出る際も、相手の名前を呼んで出る

パーソナルスペースを尊重する

満員電車の中で、こんな場面に遭遇したことはありませんか。

混んでいるドア付近に立つ人は、たいてい皆ドアの方を正面に、同じ方を向いて立っていますよね。その中でたまに一人だけ、違う向きで立っている人を見かけること

があります。皆同じ方に向かって立っている中で一人が逆向きで立つと、その人の前に立つ見知らぬ人は、至近距離で他人と正面から向き合うことになります。これはとても緊張感が高く、不快な思いを必死に堪えて、次の停車駅まで時間を過ごすことになります。

人は、パーソナルスペースという、他人に近付かれると不快に感じる空間を持っています。満員電車では、このパーソナルスペースが侵されるので、非常に不快感が高い状態です。少しでもそれを緩和しようと、スマートフォンを見たり、車内広告に目をやったりして、他人との心理的な距離を保とうとしています。ところが至近距離で向き合って立つことになると、それさえもできなくなります。他人とごく近い距離で、視線さえも外せずに顔を向け合うことで、ストレスはさらに高まることになるのです。

こういう場面に遭遇すると、「逆向きで立っているこの人は、この状況をどう感じているのだろう?」とついつい観察してしまいます。

本人も居心地が悪そうに下を向いていたりすると、お気の毒に、混んだ車内で、自分で方向を上手くコントロールできなかったのかなと想像したりします。満員電車に不慣れで、うっかり皆と違う向きになってしまったのかもと、考えたりもします。しかし、気にしている様子もなく、平然と立っている様子であれば、パーソナルスペースに鈍感な人かもしれません。日頃、人と関わる場面で、無意識に相手に不快感を与えているかもしれないのです。

物理的距離に配慮することは心理的距離を尊重すること

人と人が物理的に接近するときには、お互いの心地よい距離を保つことが大切です。仕事でも、相手に不快感を与えず、快適なコミュニケーションを図る上で、パーソナルスペースに配慮が必要な場面はとても多いものです。

たとえば、報連相を行なうとき。無言でいきなり上司の席に近づいてはいませんか。突然自分のパーソナルスペースに入って来られたら、上司はとても不快に感じるでしょう。何かに集中していれば、近くに人がいることに気づかず驚かせてしまいますし、見られては困る内容の書類やメールを開いている可能性もあります。

まずは少し離れた距離から、「ただいま三分ほどよろしいでしょうか？」などと声をかけ、許可を得てから席に近づきます。「少し離れた距離」がどれくらいかは、オフィスのレイアウトやお互いの席の位置などにより一概には言えません。パーソナルスペースでは、ビジネスに適した「社会距離」は120センチ〜350センチと言われていますので、まずはこの距離感で声掛けし、許可を得て、それより近い距離に入る配慮が必要です。

上司の席に近づいたら、上司の正面を遮らないよう、正面よりやや横の位置に立ちます。特に上司が座っている状態で真正面に立つと、上司の視界をふさぎ、こちらが見下ろす位置になってしまいます。上司にとって圧迫感があり、部下に見下されているような印象さえ受ける、不快な位置関係です。相手の快適さに配慮すれば、正面よりやや横の位置に立ち、少し腰をかがめた、前傾姿勢で対応することが、座っている上司への気遣いになるのです。

さらに近づいて、近い距離で書類をのぞき込んだり、モニターを一緒に見るようなこともあります。そのような場合も、まずは「失礼します」と声をかけ、それから静

相手のパーソナルスペースを尊重する。いきなり近づかない、長く留まらない

かに近づきます。用件が済んだら、静かに一歩下がり、相手の近くに、長く留まらないことも配慮です。

ビジネスパーソンのための
ワンポイント「秘書力」⑬

好感や信頼感は、さりげない心遣いの上に成り立つ

初対面の方と名刺交換する場合は、お互いに向き合って正面に立ち、しっかり目を合わせて挨拶をするが、その後も立ったまま会話を続けるような場面であれば、自然に斜めの位置に動き、真正面で向き合わない位置に立つ方が、お互いに話しやすい。

相手のパーソナルスペースを尊重することで、相手の不快感やストレスを取り除くことができる。「なぜか話しやすい」「一緒にいて心地よい」という好感や信頼感は、こうしたさりげない心遣いの上に成り立つ。

言葉選びと声の表情にこだわる

クッション言葉を駆使して相手に与える印象をコントロールする

秘書の仕事では、相手に何かをお願いするときや、やむを得ずお断りしなければならないときも多々あります。言いにくいことを言わなければならないときに、できるだけ相手への負担感を和らげ、受け入れやすい表現をするために、「クッション言葉」を使います。

「お名前を書いてください」

↓「お手数ではございますが、お名前をご記入いただけますか」

相手に何かをお願いする言葉の前につけることで、強制的で命令調の表現を避け、相手に配慮した丁寧で優しい表現をすることができます。相手に対してへりくだった気持ち、相手への配慮を伝えることもできるので、その印象は全く違ったものになります。仕事柄、様々な場面で適切なクッション言葉を使用できるよう、クッション言葉のバリエーションを増やすこと、気持ちを込めて丁寧に言うことに気をつけています。

依頼は命令形ではなく、「お願い」「お訊ね」形にする

依頼の際には、「お手数ですが」「ご多忙とは存じますが」など、相手に負担を強いることへの配慮の気持ちを込めたクッション言葉を使います。そして、後に続く依頼文は、「○○してください」ではなく、「○○していただけますか」という〝お願い〟〝お訊ね〟をする形に変えるのがポイントです。そもそも「○○してください」は命令形ですから、相手は強制されている印象を受け、不快に感じるのです。相手に気持ちよく引き受けてもらうには、「お願い・お訊ね」する依頼の表現で伝えることで、相手に選択肢が生まれ、受け入れやすい言い方になります。

「お願い・お訊ね」する依頼の表現で、相手に選択肢が生まれ、受け入れやすい言い方になる

断りは拒絶ではなく、「～しかねる」表現にする

お断りの場面では、「申し訳ございませんが」「有り難いお話ではございますが」「身に余るお言葉ですが」など、せっかくご依頼やお誘いをいただいたことに対する感謝と、ご要望に応えられないことへの謝罪の気持ちを込めたクッション言葉を使います。その場合、後に続く言葉は、「○○できません」という拒絶表現ではなく、「○○いたしかねます」「ご期待に添いかねます」という柔らかい言い回しに変えてお伝えします。

質問・進言はいきなりではなく、一歩引いてから

質問の場合には、「失礼ですが」「お差し支えなければ」「詳しくお聞きしたいのですが」など、答えていただくことへの配慮をクッション言葉で表します。また、進言や情報提供をする場合には、「すでにご存じとは思いますが」「差し出がましいこととは存じますが」などのクッション言葉を使って、相手が受け入れやすい表現を心掛けています。

クッション言葉は、相手が受け入れやすい状態を作る、相手への心遣いを言葉で表すもの

対面での会話だけではありません。文字だけでやり取りするメールや、声だけのコミュニケーションをする電話では、冷たく事務的な印象を相手に与えてしまい、クレームにもつながりかねません。またクレーム対応時にも、適切なクッション言葉がないと「お名前を教えてください」「発送日はいつですか」「商品はどういう状態ですか」など、状況確認のための質問がまるで尋問のように繰り返されます。これではさらにクレームを悪化させてしまうことに繋がります。

クッション言葉のない依頼や断りには、自分の言いたいことだけを一方的に伝える傲慢さが透けて見え、相手を不快にさせてしまうのでしょう。自分の言いたいことを言う前に、ちょっと立ち止まって、その言葉を受け取った相手の気持ちを思いやるゆとりを持ちたいもの。その思いやりを表す小さなひと言が、クッション言葉なのです。

見えない表情を、声で伝える

お客さまや協力会社の方には、何年も仕事でやり取りをさせていただきながら、未だにお会いできていない方がたくさんいます。できる限り顔の見える関係を作りたいと思ってはいますが、遠方の方も多く、電話やメールでのやり取りで業務を進めていくことが多いのです。電話の声や話し方でお互いの印象が決まるからこそ、「この人となら、よい仕事ができそう」「この人なら困ったときに相談できそう」「安心してお願いできる」と思っていただかなければなりません。

見えない相手に安心していただけるよう、話し方には特に気をつけています。たとえば名前を伝えるとき。初めて電話で話す相手の場合、名前がはっきり聞き取れないことが多いのです。音を区切り、明瞭に発音すること、名字と名前の間を置くことなどは、相手が聞き取りやすいようにという配慮です。

「表情をつけて話す」ことも、声の印象を冷たいものにしないための工夫です。〝声の表情〟とは、具体的には声のトーン（高低）、言葉の抑揚、緩急、間、口調によって表現され、相手に伝わります。

“声の表情” のチェックポイント

□ 声のトーン（高低）
□ 言葉の抑揚　□ 緩急
□ 間　□ 口調

同じ言葉でも全く違う印象を与えられる

電話口での挨拶に、「お世話になっております」という言葉があります。営業電話に対して「お世話になっております」と言うのと、何年もお付き合いのあるよく知ったお客さまに「お世話になっております」と言うのでは、全く違った言い方になりますよね。相手の顔を思い浮かべ、感謝の気持ちを声に表すと、言葉の抑揚や声のトーン、口調が変わります。丁寧に礼儀正しい言葉遣いで話すことに加えて、その方とお話しできて嬉しいという気持ちも込めて対応しています。ただ丁寧にきれいに話してしまうことは、ともすると事務的な冷たさに繋がりやすいからです。

つまらなそうな表情で、だらしない姿勢で表面的に話している姿は、必ず相手に伝わるものです。デスクの上に置いている鏡で、電話で話しているときの自分の表情をチェックしています。鏡の中の自分が笑顔で口角を上げ、にこやかな眼差しで話しているかを、常に確認しています。

電話では、声の表情が第一印象を決定する

基本的なこととして、弊社では電話は三コール以内に取ることを徹底しています。呼び出し音が鳴っている時間は、相手をお待たせしている時間ですから、電話に素早く出ることは、電話をかけてくださる相手への感謝の表れです。

呼び出し音を何コールも鳴らした挙句、「有り難うございます」と抑揚のない平坦で機械的な言い方で電話に出ては、お客さまに好印象を与えることなどできるはずもありません。電話対応がお客さまへの第一印象を決定するのです。

ビジネスパーソンのためのワンポイント「秘書力」⑭

相手の気持ちに配慮した表現で伝える

・依頼：（クッション言葉）「お手数ですが」「ご多忙とは存じますが」
　＋「○○していただけますでしょうか」などの「お訊ね」形
・断り：（クッション言葉）「申し訳ありませんが」「有り難いお話ではありますが」
　＋「○○いたしかねます」「ご期待に添いかねます」
　事務的な丁寧さではなく、心を込めて。
・質問のクッション言葉：「失礼ですが」「お差し支えなければ」
・進言のクッション言葉：「差し出がましいこととは存じますが」

初めて来社される方をお迎えするとき

初めての会社を訪問する、初対面の方にお会いするというのは、誰にとっても多少なりと緊張する場面です。弊社に初めてお越しになるお客さまの緊張を和らげ、スムーズに用件に入っていただけるように配慮することも、大切な仕事です。

緊張をほぐす最初のお声掛け

「○○さま、お待ちしておりました」と、笑顔と明るい挨拶でお迎えすることから、来客応対はスタートします。「暖かくなりましたね」「あいにくの雨ですね、お召し物は濡れていらっしゃいませんか」など、まずは気軽にお答えいただける天気などの話題で、会話をしながら応接室にご案内します。

応接室にお通しすると、飾っている額や写真、出版物などをご覧になるお客さまもいらっしゃいます。お茶をお出しする際に、それらについて簡単に説明することもあります。初めての会社での緊張感を少しでも和らげていただければと思い、柔らかくお話しするよう心がけています。

事前にアポイントを調整する場合は、あらかじめメールで、オフィスへのアクセスをご案内しています。ご来社の時は、「メールでは有り難うございました。場所はすぐお分かりになりましたか」とお声掛けすると、「井出さんですね、調整有り難うございました」などとご挨拶できることもあります。たとえ電話やメールのやり取りであっても、知った人がいると分かると、安心感や親近感を持ってくださいます。

序盤だけでないアイスブレイク

秘書は打ち合わせなどに同席することもあります。

基本は裏方として、上司とお客さまとの会話がスムーズに運ぶようサポートするのが仕事ですが、必要であればアイスブレイクの役目を果たすこともあります。上司の人となりを一番理解しているのは秘書ですから、場の空気が硬いようであれば、会話のきっかけになるような話題を振ったり、上司の人柄が感じられるエピソードを紹介したりすることもあります。相手の方が、「（私の上司に対して）気さくで話しやすい人なのか」「こんな雰囲気で話せばいいのか」と空気を摑んでいただけるよう、その場を導くのも大事な役目です。

熱心な聞き役に徹する

上司とお客さまとでお話が弾めば、一歩下がり、聞き役に徹します。お客さまが話しやすいよう、邪魔にならないあいづちをしながら、必要に応じてメモを取ることもあります。

打ち合わせであれば、必要な事柄や依頼事項、スケジュールなどをメモするのはもちろんですが、お話を伺っていて、勉強になると思ったことをメモすることも多いです。ぜひ伺ってみたいと思うことは、会話の流れの中で質問させていただくようにしています。その方のお話で心に残ったこと、感銘を受けたことが、その後のその方とのやり取りに活かせることも多いのです。機会があれば、それをお伝えすることで、喜んでくださることもあります。何より私自身が、仕事の中で勉強することができるのですから、邪魔にならない範囲で、積極的に質問するようにしています。

上司とお客さまとの時間が、最大限有意義なものになるように、状況に応じて役目を変えていく変幻自在さも、大事な接遇力のひとつです。

出迎え三歩　見送り七歩

お客さまをお迎えするときは、三歩前に進み出て中に招き入れ、お見送りするときは、七歩外に出てお送りする。お客さまを思う気持ちを表した言葉だそうです。

この言葉、お迎えよりお見送りの方が、四歩多いですよね。

お迎えは、「ようこそお越しくださいました」という歓迎、感謝の気持ちを込めて。そしてお見送りの時は、いらしていただいたことへの感謝と、お客さまのお帰りの無事を願って。「今日は楽しかったです」「またお会いしたいですね」そんな気持ちも込めて、お迎えより四歩多くなるのでしょうか。人との出会いとともに、お別れの瞬間がとても大切だということを、この言葉は教えてくれます。

アイスブレイク役、熱心な聞き役など、状況に応じた役割を果たすお客さまをどこまで見送るかは、会社によって決まっているかと思います。オフィスの入り口まで、オフィスのあるフロアのエレベーター前まで、ビルの前まで、等々。外に出て、お客さまの背中が見えなくなるまでお見送りすることはできないとしても、来てくださったことへの感謝の言葉をかけ、お辞儀をし、名残を惜しむ気持ちで、お帰りの無事を祈って見送る。すべてがお別れの瞬間に凝縮しています。

この言葉は、お客さまに教えていただきました。アポイントの途中で降りだした雨の中、お帰りになるこの方に傘をお貸ししたとき、「まさに〝出迎え三歩　見送り七歩〟の心ですね」と教えていただきました。帰りの無事を思えば、傘のことや忘れ物を気にかけることもできますし、遠路いらして地理に不慣れなお客さまに、次のアポイントの場所や、電車の乗換を案内することもできます。帰りの飛行機の時間をお訊ねして、帰路を調べて差し上げたこともあります。

お見送りは終わりではなく、次に来ていただける始まり

来客応対が続くと、つい「はい、次」という急いた気持ちになることもあります。

お辞儀しながら、次の段取りを考えたり、早く応接室を片付けなければと焦ったり。

でも、そんな気持ちは相手に伝わります。自分が帰るのを待っていたかのような空気、挨拶を済ませた途端、ドアがバタンと閉まったり、ふと振り返ったら見送ってくださった方はサッサといなくなっていたら、せっかく気持ちよく終えた訪問の後味が、一瞬で冷ややかなものに変わってしまいます。

お見送りは終わりではなく、次にまた来ていただける始まり。また来たいと思っていただけるよう、見送り七歩の心でお見送りしたいものです。

ビジネスパーソンのための
ワンポイント「秘書力」⑮

接遇は状況に合わせてこそ遂行されるもの

「マナー」や「接遇」というと、決まった型や方法があるように思われるが、それはあくまでも基本的なもの。真の「接遇」とは、相手や状況によって柔軟に動きながら、相手を尊重すること、相手に対する思いやりやおもてなしの気持ちを、形にして届けること。

相手を観察し、想像して、今、自分はどのようにすることが一番よいだろうかと考え、行動することが大切。

第6章

秘書力とは、「コミュニケーション力」

言葉にできないものまで読み取る
秘書のコミュニケーション術

相手が理解しやすい話し方のコツ

「上司が忙しくて、全然話を聞いてもらえず、必要な指示がもらえない」という悩みを聞きます。いつも忙しく時間のない上司には、短時間で的確に用件を伝え、必要な指示や判断を引き出すことが求められます。それには、こちらからどのように話を持っていくかがとても重要なのです。

コミュニケーションの始まりは「話を聞く」決断をしてもらうこと

相手が話を聞く準備が整わないうちに、話し始める人がいます。

まずは相手に、「話を聞く」という決断をしてもらうことが始まりです。「○○についてご指示いただきたいことがあるのですが、二分ほどお時間いただけますか」「○○についてご報告したいのですが、本日お時間いただけるタイミングはありますでしょうか」と声をかけ、上司の了解を取ります。「分かりました」「今いいですよ」という了解の言葉を発することで、相手はこれから話を聞くというスイッチが入ります。

この時のポイントは、話したい内容をひと言で伝えること。今から話す内容のタイトルのようなものです。忙しく時間のない上司は、この声掛けの内容によって、今聞くべきか、後に回してもよいかを判断しています。

緊急性が高いなら、「そろそろ飛行機を予約しなければならない出張がありまして、〝スケジュール〟について確認したいのですが」「〝講演タイトル〟をご決定いただく日が迫っておりますので」「〝本日ご来社のお客さま〟に関して、お伝えしたいことがあります」など、「今」時間が欲しい理由をこのひと言で伝えます。この緊急性が伝わらずに上司が後回しにした結果、この内容だったら早く言ってほしかったということもあるのです。

期限に余裕があり、上司が忙しそうであれば、「お時間ないようでしたら、明日でもかまわない件です」「この後の方がよいですか」など、選択肢を提示することもあります。

「分かりました」「いいですよ」など、相手の話を聞くスイッチがコミュニケーションの始まりととらえる

話し始めは、相手の頭の中に、話の「受け皿」を作る

いきなり細部から始まる話は、聞いていて分かりにくく、どのように処理したらよいか、即座に判断ができません。どんな規模感の話なのか？　いい話なのか、悪い話なのか？　耳に入れておけばよいだけなのか、アクションを取る必要があるのか？　判断が必要になるのか？　どんな重要性で、どんな優先度で、どんな姿勢で聞くべきかを用意できる情報を先に提示します。私はこれを、話の「受け皿」と考えています。詳細を話し出す前に相手の頭の中に「受け皿」を用意してもらうことで相手が内容を理解しやすく、必要な判断を行ないやすい状態を作り出すことができます。

重要性、優先度を示す情報から
話を始める

「受け皿」ができたら、「呼び水」を注ぐ

たとえば、上司に報告や連絡をするとき。これは初めて聞く話なのか、以前に話したことの続報なのかを、最初に理解できるような声掛けをしています。「新規のご依頼が来ております」「先日ご承諾いただいた講演について、内容のご相談なのですが」など、このひと言によって上司は、これから聞く話は初めての内容なのか、すでに対

応が進んでいる件なのかを素早く理解して、次の判断ができるのです。いわば、判断を引き出しやすくするための「呼び水」です。

「呼び水」を注ぐメリットは、上司が過去に、どんな情報を元に、何を決定したかを踏まえて、次の話ができることです。ここに至った経緯をひと言伝えることによって、上司にそれを確認してもらい、スムーズに次の話に進めることができるのです。また、同じような判断をしなければならないときに、「前回はこういう情報を元に、こう判断した」ということを伝えることで、それに倣って判断がしやすくなります。

この手順を飛ばすと、いったん決定したことがひっくり返ったり、判断が変わったりすることが起きます。また、そもそも判断できるだけの情報や判断基準が示されないために、判断が後回しにされることもあります。それを防ぐためにも、判断の「呼び水」が必要です。

上司に、話を聞くスイッチを入れてもらい、「受け皿」を作ってから、指示を引き出す「呼び水」を注ぐ。その上で話し始めると、話の伝わり方、指示の出方が格段に変わります。

新規、進行中、続報など、理解と判断を助ける情報を先に持ってくる

上司の「話を聞くスイッチ」を入れ「受け皿」を作ってから、指示を引き出す「呼び水」を注ぐ

話す順番も相手の立場に立って

複数の案件について、確認や承諾を得ていく際には、その順番についても考えます。優先度の高いことから話すというのが大前提ですが、時間に余裕がある場合や、緊急性が高くない場合は、軽めの報告や明るいニュースなどを先に伝え、判断が必要な案件をその後に回すようにします。また、話題があっちに行ったりこっちに行ったりしないよう、似たような案件は続けて確認を取ると、スムーズに進みます。

気の利くひと言は、「念のため」と相手のタイミングで伝える

社内で飛び交うメールを読んでいると、求められているわけではないけれど、伝えておいた方がよいかなと思う情報に気がつくことがあります。必要な連絡ではないし、返信を要求されているわけではないけれど、「そのお客さまに関連して、伝えた方がいいかな」「その案件がスタートした経緯について、知らせておいた方がいいかもしれない」、そんな気遣いができるよう、社内でやり取りされているメールや会話、案件には注意を払い、自分が把握している情報との関連を常に意識しています。

報連相は、優先度の高いものから話す。関連事項はまとめて話す

こんな細かな情報まで、わざわざ伝えなくてもよいのかなと悩むこともありますが、知らないでいたことで何かトラブルが起こってしまうリスクを考えれば、知らせておいた方がよいはずです。そのときは、「ご存知かもしれませんが」「念のためお伝えします」というひと言を添えて伝えています。

連絡のタイミングにも、気遣いが表れます。たとえばリマインドの連絡は、早すぎては意味がありません。しばらく先に必要になる情報を、あまりに早く言われても上司も忘れてしまいます。上司が執筆の依頼をお引き受けした場合、締切や文字数、大まかな概要などは決まった時点で上司に伝えますが、内容の詳細や関連資料などはあまり早く渡しても仕方ありません。こういう内容・ボリュームであれば、これくらいの期間で仕上げるだろうと予想して、「詳しいことはひと月前にお伝えしますね」とすり合わせておきます。一ヵ月前にリマインドするというタスクを管理し、その頃に伝えるのが、相手にとっての最適なタイミングになるのです。

「今日お会いする方」にタイミングを合わせたひと言が、気の利く連絡になることもあります。お客さまからいただき物をした場合。まずはそのときすぐに上司に報告しますが、後日上司がその方にお会いするというタイミングで、もう一度「先日○○をいただいております」など申し添えれば、上司から直接お礼をお伝えすることもできます。

今伝えるべきことは何か、今伝えなくてもいいことは何かを明確にすることが、「最適なタイミング」を意識した仕事に繋がります。

事項の発生ベースの報連相が最適とは限らない。最適タイミングをはかる

ビジネスパーソンのための
ワンポイント「秘書力」⑯

話す順番にも段取りがある

コミュニケーションにおける段取り

❶「話を聞く」決断をしてもらうための声掛けをする

❷「スケジュール」、「講演タイトル」、「本日ご来社のお客さま」など、話したい内容をひと言で伝える

❸ 規模感、良い・悪い、重要性、優先度を表す情報を示す

❹ 新規、進行中、続報など、理解と判断を助ける情報をつけて話す

❺ 複数案件では優先度の高いものから。また、似たような案件は続ける

上司の意向の伝え方

威光をかさに着る行為、意向を受けて動く行為

秘書は勘違いしやすい立場とも言えます。コミュニケーションにおいて、「上司の意向を受けて動く」ということは、「上司の威光をかさに着て動く」ことに繋がりやすいからです。

たとえば、ご依頼をお断りしなければならない場合があります。

上司がこの件はお断りしたいと判断したら、依頼者の方に案件をお断りすると伝えなければなりません。そのときに、「上司が断りたいと言っている」とストレートに伝えてしまうのは、「上司の威光をかさに着て動く」対応です。

上司を出せば、話は簡単です。「上司が断りたいと言っている」と言えば、相手は納得するしかありません。あれこれと理由を説明する必要もありません。でも、それでは、依頼を聞いてくれなかった上司に対してあまり良い印象を持たないかもしれませんし、このことで関係が切れてしまうかもしれません。

そこで秘書は、上司の威光を使わずに上司の意向通りに動くことが求められるのです。上司を直接出すのではなく、依頼に応えられない具体的な理由や状況を説明して、「今は」お引き受けできないとお答えする場合もあります。時期や状況が変われば、お受けできることもあるからです。上司はぜひお受けしたいと言っているのだが、別な事情で受けられないとお答えすることもあります。事情をご理解いただき、今後もお付き合いいただきたいことを、丁寧にお伝えすることが、「上司の意向を受けて動く」ということです。

一方で、感謝や良い評価は、上司の名前を直接出してお伝えした方が、相手も喜びます。「〇〇（上司）がたいへん感謝しておりました」「素晴らしい内容だと、〇〇（上

断り事は上司の名前を出さず、
理由を丁寧に伝える

司）が申しておりました」などは、対象を曖昧にせず、むしろ上司の威光を使うべきポイントです。

「会社が」「上が」「上司が」というコミュニケーションばかり取っていると、そこに自分が介入する必要はなくなってしまいます。意向を受けて、相手にとってどのように伝えるのがもっともよいか考え、翻訳するのが、秘書の役割です。

言葉だけでない　背景を聞き取る

あるお笑い芸人さんの楽屋は、ドアノブがタオルでグルグル巻きになっているそうです。その芸人さんご本人は、自分で指示したわけではないと言っていましたが、スタッフの方はその不思議な指示に従っているのだと、笑いを交えて話していました。

もし上司からそんな指示を受けたとき、皆さんならどうしますか？「はい、分かりました」とだけ答えて、言われた通りにしますか。

私だったら、なぜそんな指示をしているのか、理由を想像してみます。日頃の上司の行動から、理由が思い当たることもあるでしょう。それを上司に伝えてみます。「ど

よいことは上司の名前を
出して伝える

うされました？　ドアの閉まる音が気になりましたか？」そうすれば、「すごく大きな音がしてビクッとするから」とか、「閉まる直前にキィーっと嫌な音がするんだよ」などと、理由が分かるような会話が続くでしょう。もしかしたら「ずっと閉め切っているのがイヤなんだよ」という思いがけない答えが返ってくるかもしれません。

指示を受けるときには、表面的な事象だけでなく、なぜそういう指示をしているのか、その理由まで理解しなければ、本当の意味で指示を理解したことになりません。背景にある理由まで理解していないと、応用や判断が利かないからです。

タオルを巻く理由が、「閉まるときに大きな音がする」ことだったら、音のしないドアであればタオルを巻く必要はありません。でも「閉め切っているのがイヤ」なことが理由だったら、音のしないドアであっても、ドアストッパーを置くなりして、何らかの対応をする必要があります。「狭い場所で閉め切っているのがイヤ」なのであれば、楽屋に限らず、移動時の車やエレベーターに乗る際にも、配慮が必要かもしれません。

指示された言葉を、その意味を考えずに受け取っていると、指示された通りのこと

指示は漠然と従うのではなく、「なぜだろう」とその背景を考える

しかできず、状況が変わったときに適切な判断ができなかったり、過去と全く同じことしかできなくなってしまいます。指示の背景、真の意図まで聞き取ることが、状況対応力を高めるコミュニケーションなのです。

ビジネスパーソンのためのワンポイント「秘書力」⑰

指示の受け方・伝え方、言葉の背景まで読み取り、伝える

指示を受けるときには、表面的な事象だけでなく、なぜそういう指示をしているのか、その理由まで理解する。そうでなければ、本当の意味で指示を理解したことにはならない。

伝えるときも、その言葉の背景や相手の受け取り方まで想像して、伝え方を選ぶ。

「伝える」ことではなく、相手にしっかり「伝わる」ことが会話のゴール

聞き返されたときに試される、相手の立場に立った答え方

会話をしていて、「えっ？」と相手から聞き返されることがありますよね。聞き返されたら、皆さんはどうしていますか？

先日ある場所で、朝食をいただいたときのことです。お料理が運ばれる前に、まず小さなグラスに入った液体が出されました。

「なしとおすのじゅーすです」

思わず「えっ?」と聞き返してしまいました。何のことか、分からなかったのです。スタッフの方はもう一度、「なしとおすのじゅーすです」と同じ言葉を、同じ言い回しで繰り返し、下がっていかれました。

一口飲んで、少し考えてやっとこれが、「梨とお酢のジュース」だと分かりました。食前に、健康を気遣って出しているのでしょう。ジュースはとても美味しかったのですが、「なしとおすのじゅーすです」と繰り返しても、音だけを聞いて瞬時にこの言葉を理解するのは難しいだろうと思いました。

案の定、隣の席にいらしたお客さまは、二度聞き返していました。それでも、「なしとおすのじゅーすです」と繰り返されると、これ以上聞きようがなく、困ったような諦めたような様子でした。スタッフの方が下がってから、「これ、飲むの?」とひそひそ話をしていました。せっかく出してくださっているのに、もったいないことです。そして、なぜこのスタッフの方は、聞き返されているのに同じ言葉を繰り返しているのだろうと、思わずにはいられませんでした。

相手に聞き返されたということは、

1. 相手に自分の言葉が聞こえなかったか、聞き取れなかった
2. 聞き取れたけれど、意味が理解できなかった

のいずれかです。

自分の声が小さかったり、周囲が騒がしくて、相手に声そのものが聞こえなかったのかもしれません。年配の方でお耳が遠い場合もあるでしょう。その時は、最初よりも声のボリュームを大きくしなければなりません。広い場所や、相手と距離が離れている場合も、すぐ隣の人と話すときよりは、大きな声を出す必要があります。

声は充分聞こえているけど、何を言っているのか聞き取れないこともあります。単語が聞き取れなかったり、単語と単語の区切りが分からないと、言っている言葉を認識できません。ゆっくり話す、口を大きく開けて言葉をはっきり話す、単語の間を空ける等をして、言葉が聞き取れるように話します。「なしと　おすの　ジュースです」と、単語の切れ目が分かるように発声すれば、聞き取りやすくなります。

聞き返されたときは、理由、要因を考えて、調節した上で言い直す

意味が理解しにくい場合は、言葉を言い換えたり、言葉を補う必要があります。相手が理解できる言葉を探りながら、別な言葉で言うなら、どう言うか。その物をどう説明するか。なぜ今、これを伝えているのか。様々な角度から、相手が理解できるまで、表現を変えて伝えていきます。

言い換え、補足と相手の表情の確認がカギ

また、話し言葉では、「漢語」より「和語」を使った方が、意味が伝わりやすい場合が多いです。「休日は観劇に行きます」と言うより、「休みの日はお芝居を観に行きます」と言った方が、耳で聞いたときは理解しやすいものです。

同音異義語も、耳で聞いたときに理解しにくいものです。「シジ」と聞いただけでは、「指示」「支持」「師事」「私事」の判断はつきません。会話の文脈から理解できる場合はよいのですが、新しい話題や、会話の最初には、言い換えや補足が必要です。「なしとおすのじゅーすです」の場合、たとえば「くだものの梨と、お酢を使って作りました、身体によいジュースです」と言い換えてみてはいかがでしょう。さらに「よ

意味が伝わりにくいときは、言い換えたり、言葉を補ったり、さまざまに表現を変えてみる

ろしければ、お食事の前にお召し上がりください」と補足すれば、状況が理解でき、なぜこれがお料理が出る前に供されたのか、理解しやすくなるのではないでしょうか。

そして、大切なことは、言い換えた後で必ず、相手の表情を確認することです。理解できていないとき、人は首を傾げたり、眉間にしわを寄せたり、口をへの字に結んだりして、分からないというサインを出しています。そのサインをしっかりキャッチすれば、相手が理解していないのに、そのまま場を離れてしまうような、冷ややかな対応を取らずに済みます。

反対に、「分かった」というとき、人は、頷いたり、目をパッと見開いたり、笑顔になったりするものです。最後は相手の、この表情を見届けて、会話を終えたいものです。

相手の理解に応じて、言い換えや補足ができるよう、表現の幅を広げる

ビジネスパーソンのための
ワンポイント「秘書力」⑱

会話のゴールも「自分のアクション」ではなく、「相手の状態」

コミュニケーションのゴールは「伝える」ことではなく、伝えたい内容が相手にしっかり「伝わった」こと。そのためには、相手のリアクションを確認するところまでをコミュニケーションととらえ、相手に伝わっているか、理解しているか、納得しているかをきちんと見届ける。

第7章

秘書力とは、「信用力」

選ばれる人になるカギは、信用力にある

信用を勝ち取るのは、地道な仕事の積み重ね

信用していない部下には、上司は仕事を任せることができません。必要な報連相は欠かせませんが、日々たくさんの案件が発生する秘書の仕事において、そのすべてを逐一上司に報告し、指示を仰いでから対応していたのでは、とても仕事が回りません。忙しい上司の時間も手間も取り、関係者を待たせ、挙句対応が遅れたり、後手に回ったり間に合わないことにもなります。

また、上司と関係者との間の連絡を、ただ右から左に繋いでいるだけでは、秘書が存在する意味もなくなってしまいます。間に入る役目を十分果たすためには、上司から信頼され、信任を得ていることが不可欠なのです。

その前提となるのが、まずは仕事の確実さでしょう。仕事がミスなくモレなく、確実に行なわれること。そして、上司に適切な報連相が行なわれていることで、上司が

確実さが信用につながる。小さなことも疎かにせず、ミスなくモレなく行なうこと

安心して、仕事を任せることができるのです。

地味な仕事、雑用仕事を軽視しない

間違いや不備がないこと、忘れたり遅れたりすることがないこと、報連相がこまめになされること。いずれもできて当たり前とされることばかりですが、これらを確実に行なうことで、上司が安心して、この人なら任せても大丈夫だと思えるのです。

地味な仕事、雑用仕事を軽く見ていると、必ずそこにミスが起きます。小さなことを疎かにしないことを、私は上司から厳しく要求されました。組織の上に立つ人は、小さなことをよく見ているものです。

小山薫堂さんの御著書『つながる技術』（ＰＨＰ研究所刊）で大変感銘を受け、以来、座右の銘にしている言葉があります。「自分が期待するほどに、人は自分のことを見ていない。でも、自分が油断する以上に、人は自分を見ている」。まさに秘書の心構えです。

秘書は、地味に確実に、裏方として上司を支えるプロ意識の高い人

「井出さんってヒショヒショしていないんですよね」とは、ある方に言われた言葉です。「ヒショヒショした秘書」――一般の方が思う秘書像って、どんな姿なのでしょう。この仕事に就くまでは、まったく違う仕事をしていた私は、秘書と言えば、上品で、高級感があって、才色兼備。ロングヘアの巻き髪（勝手なイメージです）に洗練されたメイク、ブランド物のスーツとハイヒール姿の華やかな女性が、ダンディな上司の隣で優雅にほほ笑む、そんなイメージを描いていたように思います。その後、実際に秘書職に就いた私は、残念ながら自分でも笑ってしまうほど、これとは遠くかけ離れていました。

秘書という仕事はしていますが、組織で働くごく普通のビジネスパーソンです。普通のビジネスパーソンが、普通に買えるレベルのものを買い、口にできるものを食べています。グリーン車やファーストクラスを予約することはあっても、自分が乗ることはありませんし、高級なレストランを予約することは（稀に）あっても、自分が食

事をすることはまずありません。私が知る多くの秘書の方も、皆さん同様でした。美しく華やかな方ももちろんいらっしゃいますが、裏方として上司を支えるプロ意識の高い方ばかりです。

秘書の仕事は、目立たず地味なもの。裏方として気づかれずに対応するのが本分です。この地味で目立たない仕事を、ミスなくモレなく確実にできるようになることが、この仕事の第一歩です。

プレッシャーを乗り越えるには日々の仕事を確実に

裏方の仕事は、すべてが抜かりなく整えられていて当たり前。間違いなく新幹線に乗れ、ホテルに宿泊でき、アポイントが調整されていて当たり前ですから、それで評価されることもなければ、達成感を感じることもありません。

反面、いったんミスや間違いが起きると、影響が大きく、緊急対応に追われるのも秘書です。秘書になった最初の頃は、仕事を終えて自宅に戻っても、仕事の気がかりが次々と湧いてきたり、休日でもときどきメールチェックをして、何も起きていないことを確認してしまうくらい、そのプレッシャーは大きなものがありました。

こんな秘書をつけているなんてと思われたら、上司の評価を下げ、会社の信頼を損なうことにも繋がりますから、気が抜けません。「さすが○○さんの秘書」と言われる仕事をしなければならない、そのプレッシャーを負担に感じたこともあります。

それでも結局は、日々の仕事を確実に積み上げていくことしか、今できることはないのです。

ビジネスパーソンのための
ワンポイント「秘書力」⑲

SURE（確実）な人になる

地味で目立たない仕事を、ミスなくモレなく確実に。不備なく整えているのが当たり前。すべてのビジネスパーソンの仕事の基本中の基本。

この人なら大丈夫という安心感を醸し出す

相談が持ち込まれる入口であり、困ったときに最後に何とかするのが秘書。その秘書が、いつも不安で、頼りなくて、すぐにパニックになって、周りに不安をまき散らしてしまうのでは困ります。秘書に限らず、この人なら何とかしてくれる、そんな安心感を相手に持ってもらうことは円滑な仕事をする上で不可欠です。

事実と意見、感情を切り分けて考える

何か問題が発生したとき、人の話を聞くときに、起きたこと（事実）とその人の考えや意見、感情、判断を分けて理解するようにしています。また起きたことは時系列で聞いていきます。事実に対応しなければならないことと、意見や感情への対応は、方法が異なる場合があるからです。

上司に報告するときには、できる限り正確に上司に状況を伝えることが、正しい判断に繋がります。そのためにも、事実と意見や考えは、区別して伝えます。私個人の意見や主観も、交えないよう気をつけています。事実に恣意的な判断が紛れ込むことは、あってはならないことだからです。

バランス感覚を持つ

ひとつの案件について、複数の視点で考えることも大切です。上司から見た場合、担当者から見た場合、お客さまから見た場合など、視点を変えて考えると、見え方も変わってきます。特定の人や状況に有利に動いたりすることがないように、公平を保つこと。メリットとデメリットを両方考えるなどのバランス感覚は必須です。

最後は何とかなると、前向きに考える

秘書も、不安がないわけではありません。実際は「こんなこと私にできるのかしら」「こんなギリギリで間に合うのかしら」と、心の中では不安やプレッシャーと闘っていることも多いもの。それでも、最善を尽くせば最後は何とかなるという楽天さは、

事実は時系列で理解すること

この人なら大丈夫という安心感に繋がっていると思います。

そして、自分ひとりで何でもできるわけではないことも心得ておかなければなりません。努力は必要ですが、努力してもできないこともあります。周りの人の強みや得意を知り、力を借りることで、結果的によりよい仕事ができればと考えています。

不安があっても撒き散らさない。
前向きに、できることを考える

情報管理を徹底する

オフィスの机を見ると、その人が分かると言われます。情報管理については、機密情報が含まれる資料は、机上に置かない。席を離れるときは、資料は伏せる。パソコンの画面は、都度消して席を立つ。引き出しはしっかり閉めて、場合によっては施錠して退社する。プリントアウトしたものを置きっぱなしにしないなど、日々の小さなことから気をつけたいものです。

書類の紛失を避けるためにも、デスクは常に整理整頓し、デスク上には決まったものしか置かないルールを定めています。

捨てる書類にも、注意が必要です。特定の企業名や非公開の情報が含まれているものは、シュレッダーにかけたり溶解処理用ボックスに捨てたりすることは当然のことです。不用意にプリントアウトをしないなども、情報管理上大切なことです。

メールの宛先、転送にも気を配る

メールの取り扱いにも注意が必要です。メールのやり取りをしていて、途中から関係者をＴＯやＣＣに加える場合があります。内容にもよりますが、そこまでのやり取りは、送信相手との関係性の中で書かれている場合もあるため、途中から別な人を加えることに支障があることもあります。内容によっては、承諾を得てから加えるか、新規でメールを開始した方が安全です。

転送メールにも同様に注意が必要です。転送先の相手に知られては支障のある内容がメールに含まれていることもあります。転送メールの内容を再度確認し、不要な箇所を削除してから転送する慎重さが求められます。

公共の場所では、人の目を考慮する

最近は、新幹線の車内や飛行機の機内で、パソコンを広げて仕事をしている人が増えました。私もときどき、新幹線や飛行機を利用しますが、隣の席の人が開いている

途中から関係者をCCに加える場合や
転送する場合は、内容をよく確認し、
必要なら先方の承諾を得てからにする

ノートパソコンの画面は、意外にはっきり見えるものです。見られても支障がないものかどうかを考慮する必要があります。

秘書は特に、情報管理や、秘密保持が求められる仕事だからでしょうか。このような場所で、堂々と社名の分かるデータを広げて仕事をしている方を見ると、その方の、ひいては所属している会社の意識や姿勢に、不安を感じずにはいられません。もし私がその会社の顧客なら、自社の情報がぞんざいに扱われていることに、間違いなく不信感を抱くでしょう。

仕事で扱っている情報は、会社やお客さまに関わる重要なもの。不用意に人目に触れていいわけがありません。情報管理の甘さは、企業に大きなダメージを与えることもあります。くれぐれも気をつけたいものです。

会話は一瞬立ち止まって

仕事上多くの情報を知り得る立場にある秘書だからこそ、口が堅いことは鉄則です。「社外秘」「極秘」の案件を口外しないことは当然として、そう言われていないことで

公共の場でノートパソコンを開いて仕事をする場合、顧客情報が人目に触れないよう注意する

あっても、不用意に口にしないよう十分注意しなければなりません。

仕事に関係する会話では、言葉を発する前にほんの一瞬、今から言おうとしている内容は、この場にいる人たちに話しても大丈夫なことなのかを、考えてから口にしています。そのために、当意即妙とはならず、タイミングを外すやり取りになったとしても、それは仕方がありません。口から出てしまった言葉は、引っ込めることができないのです。

社名や個人名など固有名詞を出すときは、それは言ってもいいものかどうかを考えます。お付き合いや仕事の関わり上、差し支えることもありますし、秘書が口にすることで、上司との人間関係が類推されますから、支障がないか考えてから口にする慎重さが必要です。必要がなければ、固有名詞は出さないのが基本です。

社外で仕事に関する話をしないことも大切です。飲食店などでは、近くの席の会話が意外にはっきりと聞こえるものです。面白そうなやり取りがされていると、つい興味を惹かれて聞き入ってしまうこともあります。会社の同僚や仕事関係の方と食事をする場合は、会話の内容に十分気をつける必要があります。

社外では仕事に関する話をしない。
社内でも極秘事項は口にしない

携帯電話で、仕事のやり取りをすることも多いでしょう。戸外では、思いがけず他人の会話が耳に入ってきます。先日も混んだ地下鉄の車内で、個人名から自宅の住所、電話番号まで、携帯電話で話している人がいて驚きました。周囲の人に聞かれているという意識がないのでしょうか。エレベーターの中や電車内でも、近くにいる人が聞いている前提で会話の内容を選んだ方が安全です。

経営層に近いところで働く秘書が発言することの影響は大きいものです。支障のある情報を気軽に口にすることは、本人の信用だけでなく、上司の信用、会社の信用まで失うことになるのです。

戸外での携帯電話の会話は必ず誰かの耳に入っていると自覚する

「紹介」する、されるときの注意点

秘書という仕事柄、「紹介」に関わることが多くあります。

「紹介」ほど、関わる人の信用度が表れるものはありません。人との繋がりは財産ですから、人が人を紹介するというのは、自分自身の信用に関わる重要なことです。だからこそ、その人が信用に足る人なのか、紹介の場面で浮かび上がるのでしょう。

紹介には、三つの立場があり、それぞれを数多く経験してきました。

A．紹介を依頼する立場
B．紹介される立場
C．依頼を受け、仲介する立場

まずは連絡を取ったことを報告する

私がCの立場になり、A様からの依頼で、B様を紹介したことがありました。

Cの立場として間に入った場合、最初に気になることは、直接ご連絡が無事に取れたかどうか、ということです。B様にしてみれば、私から紹介してもよいかと聞かれ、承諾したのに、その後いっこうにA様から連絡が来ないとなると、相手方への不信感に繋がり、せっかくのお話がうまく進展しない可能性もあります。

しかしこのケースでは、そんな心配は不要でした。A様からはすぐに、お礼のメールが届きました。早速B様にメールで問い合わせをしたこと、まだご返事はいただいていないが、進展があったら改めてご報告しますと、初動の状況をお知らせくださる内容でした。Cの立場である私の懸念を踏まえた、A様の気遣いが感じられるお礼でした。

紹介したB様からも、丁重なご報告をいただきました。自分を紹介してもらったことへのお礼と、A様からご連絡いただいたこと、今後どのように対応するかということまで、こちらも間を取り持った私に不安を抱かせないメールでした。

その後しばらくして、再度A様からご報告をいただきました。B様とやり取りをし、案件が進捗していることの途中経過と、折り合いがつかない点もあり、せっかくご紹介いただいたのに、お仕事をお願いできない可能性があること。その場合も、仲介者である私に迷惑をかけないよう誠意をもって対応しますと、そこまで踏み込んで触れてくださったメールでした。

仲介者に不安を与えない人に、チャンスは訪れる

結果的にこの紹介は、案件の依頼には繋がりませんでした。それでもA様やB様のように、ここまで丁寧に進捗や事後の報告をしてくださると、間を取り持った者としてはとても安心します。

紹介には常に不安が付きまといます。依頼者のご要望に合う紹介だっただろうか。双方にとって、よいご縁になっただろうか。仕事のお話に進展しただろうか。失礼が

紹介を依頼した場合も、紹介された場合も、仲介者へのお礼、進捗や事後の報告を欠かさないこと

あったり、迷惑をかけたりはしていないだろうか。依頼者、紹介者の双方から信頼を失うこともあり得ますから、当然その後の進捗は気になります。

依頼を受けて人をご紹介すると、「有り難うございました。後は直接ご連絡を取って進めます」というご返事をもらい、それで終わることが少なくありません。内容にもよることなので一概には言えませんし、依頼する立場としては、これ以上相手に手間をかけないようにという配慮もあるのでしょう。それでも、間に入った者としては「あのご紹介、その後どうなったのだろう?」と気にかかるものです。

「紹介を依頼する立場」、「紹介される立場」、どちらもこのような対応をされる方だと、「依頼を受け、仲介する立場」として、お役に立てることをとても嬉しく感じるものです。お互いにとってよいご縁につながればと思いますし、何よりこういう方々であれば、今後も安心して人にご紹介できます。結果的にこういう人に、チャンスは多く訪れるのではないでしょうか。

自分が「紹介を依頼する立場」「紹介される立場」になったときこそ、事後の対応が試されるとも言えます。「依頼を受け、仲介する立場」の方に、紹介してよかった、間を取り持ってよかったと思っていただけるように、適切なタイミングで、心を込めたお礼や報告をすること。信用を勝ち取る人とは、まさにこのような人なのです。

ビジネスパーソンのためのワンポイント「秘書力」⑳

信用とは積み重ね。一つ一つの行動が大切

信用を得るために、普段から心がけるべきこと

- 事実と意見、感情を切り分けて考える、話す
- 一つの見方に固執せず、メリットとデメリットなど、複眼的に考える
- 前向きに考え、その空気を発する
- 言葉を選ぶ慎重さを持つ
- 適切なタイミングで、心を込めたお礼や報告をする

第2部
〈関係構築編〉
まとめ

- 挨拶はプロ意識の表れ
- パーソナルスペースを尊重し、場面や相手によって距離感を使い分ける
- 依頼事は命令表現ではなく「お願い・お訊ね」表現で、相手に選択肢を与える
- 質問・進言はいきなりではなく、クッション言葉で、相手への心遣いを表してから
- コミュニケーションの始まりは、相手の「話を聞くスイッチ」が入ったとき
- 気の利くひと言は、相手のタイミングで伝える
- 指示は言葉通りに従うのではなく、「なぜだろう」とその意図と背景を考える
- 相手の理解に応じて、言い換えや補足ができるよう、表現の幅を広げる
- コミュニケーションでは、事実と意見、感情を切り分ける
- 人や取引先を紹介してもらう案件では、初動、進捗、事後の報告をする
- 一つ(自分)の視点に固執せず、複数の視点で考える
- 周りの人の強みや得意を知り、力を借りられる関係をつくる

第3部

自己成長編

秘書が成長すれば、上司はより成果を生み出す仕事に集中できるはず。
だからこそ、さらに高いレベルで上司を補佐するためには、
秘書自らの成長が不可欠です。
気づきや先読み、臨機応変な対応には、経験や感性が必要だから、
謙虚に自分を振り返り、常に成長し続ける気持ちが必要です。

第8章

秘書力とは、「学び力」

一流の方々とお付き合いできる自分であるために、
学び力が問われる

よく「気がつく」人から学ぶ

上司の知人の方から、来客対応中の上司宛にお電話がありました。内容によっては、私が代わりに伺って対応するのですが、その知人の方との関係性や状況を考えると、上司は来客を中断してでも電話に出るかもしれないと判断して、来客中の上司にメモを差し入れることにしました。

来客中にメモを差し入れることは、ごく一般的な対応です。「○○様からお電話が入っております」と伝達内容を書いて、応接室に入りそっと上司に渡して指示を受けるというものです。メモにこの一文を書いた後、私はAとBの選択肢を書き加えました。

○○様からお電話が入っております

A　中座して電話に出る
B　折り返すと伝える

上司に、黙って選択肢のどちらかを指さしてもらうだけで、言葉を発しなくても指示をもらえるようにしたのです。

このメモを上司は気が利いていると褒めてくれたのですが、私がオリジナルで考えたのではありません。こういう対応方法があると本で読み、それを真似してやってみたのでした。

「気が利く」「気がつく」は、秘書に求められる必須のスキルです。しかし最初から「気が利く」「気がつく」秘書はいません。私も最初は、気がつく人を見ては気がつかない自分に落ち込んだものです。気が利いた対応を見せられては感心し、それに気づかなかったことに自己嫌悪する、この繰り返しだったのです。

「気が利く」「気がつく」行動も、学び、経験を積んでいくもの。良い方法をどんどん取り入れること

気がつく行動を見つけて、メモ！

そこで「気が利く」「気がつく」と感じる行動を見つけては、それを自分もやってみるということを始めました。「気がつく」行動を集めることが、私の気づきのスタートだったのです。

会社を訪問した際に、対応していただいて気づいたこと。飲食店やホテルなどを利用した場合に気づいたこと。人から聞いたお話。人からしていただいて嬉しかったことや、いただいたプレゼントなど、私のスマートフォンにはたくさんの気づきのメモが入っています。

また、不快感を感じたり、対応が悪いと感じたことも、気づきの材料になるので、メモに入れて残しています。このときは、自分だったらどう対応するだろうかということも考えます。これを続けることで、気づく視点を増やしてきました。

また秘書は、他社の秘書とのやり取りでよいと思ったものを積極的に取り入れる方が多いように思います。以前、他社の秘書の方に書類を送る際、メモをつけるのに、

日頃から、人の「気が利く」「気がつく」行動を見つけたらメモして、自分にインプットしておく

マスキングテープを貼ってお送りしたことがあります。糊跡が残らす、さまざまな柄があり、見た目にも温かさが出せるので、ときどき使っているのです。その秘書の方から「マスキングテープいいですね、私も早速用意します」とメールをいただき、感度の高さを感じました。

よいと思ったメール表現をコピーして取っておいたり、プリントアウトして文例集を作る方もいます。秘書同士は、電話やメールでのやり取りがほとんどで、実際にお会いしたことがない方が多いのですが、互いに学びあえるとてもよい関係です。

気づく人というのは、気づきのインプットが多い人です。一流の方ほど、よく気がつき、細やかな気遣いをされるものですが、秘書は一流の方から気遣いを受ける機会が多いために、より気づきのインプットが増えるのでしょう。

気づきの機会は日常に溢れています。仕事中でも、プライベートでも、買い物をしても食事をしても、誰かの行動に気づくことができますし、テレビや映画を見ていても、参考になることはたくさんあります。まずは気づきのインプットを増やすことから、始めてみてはいかがでしょうか。

仕事中から日常生活まで、気づきのインプットを増やす

「知っている」ことを「やっている」ことへ

秘書としての実務経験を踏まえて、ビジネスマナーをお教えする機会が多くなりました。

私自身、秘書になってからマナーを学び直し、必死に身に着けてきました。未経験で秘書になった私から見ると、他社の秘書の方々はマナーの先生のようでした。お辞儀の仕方、笑顔の作り方、電話応対、敬語表現等、知識としては知っていても、自然にそれらを実践できるようにならなければ、相手に失礼のない対応はできません。

習得の四段階

「習得の四段階」というものがあります。物事を習得するときは、「①知らない」「②知っているができない」「③意識すればできる」「④無意識にやっている」という四つの段階を経て、身に着けることができます。

電話応対を例に説明します。相手が名前を名乗ったら、「〇〇会社の〇〇さまでいらっしゃいますね、いつもお世話になっております」と、相手の会社名、お名前を復唱します。復唱によって、自分が言っていることをこの応対者は正しく聞き取ってくれている、理解してくれていると分かり、安心して用件を切り出すことができます。

ところが多くの会社に電話をかけますが、この復唱を実践できている会社は少ないようです。復唱するということをご存じないのでしょう。これが「①知らない」という段階です。知らないので、悪気なく無意識にやっています。復唱を知りませんから、自分が電話をかける側に立ったときにも、相手が復唱しているかどうかには気がつきません。

研修で復唱の大切さ、その効果をお伝えすると、初めてそれを知ることになります。自分は全く復唱していないなあとか、そういえば電話をかけたとき、復唱してもらったこともあったなあと、初めて復唱ということを意識するようになります。

ただし、復唱を知ったからと言って、実際の電話応対で復唱がすぐにできるわけではありません。多くの人は、この「②知っているができない」状態にあるものです。挨拶が大事だと知っているけど、実際は挨拶できない。笑顔が大事だと知っているけど、実際は笑顔がなくお客さま対応をしている等、挙げていけばきりがありません。これをできるようにするために、日々繰り返し実践することが欠かせないのです。

電話応対のときに、復唱をしようと意識することから始まります。今日は電話に出たら、復唱してみようと心に決め、とにかく行動してみるのです。復唱しようとしたら、言葉がもつれてスムーズに言えなかったとか、電話を切ってから、ああ復唱を忘れたとか、復唱しようとしたら、相手の会社名もお名前も聞き取れていなかったとか、こういう状態を毎日繰り返して、「③意識すればできる」ようになります。

この段階では、今までやっていなかったことを新たにするわけですから、当然ストレスがかかります。復唱しようとすると、会話が途切れてしまった等、違和感を覚えることもあります。また、かえって会話がもたつくので、やっぱり復唱しない方がい

「知っているができない」ことは、「○○しよう」と心に決めて、とにかく行動する。これを毎日繰り返す

いのではないかと、違和感を理由に、元のやり方に戻ろうとすることも多くあります。

実はこの違和感は、新しいことにチャレンジしている証拠です。今まで無意識に行っていたことを、やり方を変えて意識的にやっているのですから、不慣れでスムーズにいかないのは当然なのです。それでも実践を続けていくことで、いつの間にかこの違和感がなくなってきたら、身に着いてきたという目安です。

いつも復唱、復唱と自分に言い聞かせ、かなり意識的に電話応対をしていたのに、気がつくと、何も考えなくても自然に復唱の言葉が口をついて出ていたという状態になります。意識的に取り組んでいたことが「④無意識にやっている」という状態になれば、新しいことをひとつ、身に着けられたと言えるでしょう。

ビジネスマナーは知っているだけでは意味がありません。身に着け、無意識に実践できてこそ活きるものです。「知っている」ことを「できる」ことへ。そして気がつけば自然に「やっている」ことを、ひとつずつ増やしていきましょう。

途中で違和感を覚えても、実践し続けることが、習得のポイント

ビジネスパーソンのためのワンポイント「秘書力」㉑

習得の四段階

①知らない
②知っているができない
③意識すればできる
④無意識にやっている

基本的なことほど、「知っているができない」人が多いもの。まず自分は「できていない」と気づく。次に、取り組むことを決め、日々意識してやり続けることで、「無意識にやっている」状態に至ることができる。

よいところ、学ぶところを見つける

尊敬できる上司をサポートし、上司がさらに活躍し、仕事や人生の質を高めるお手伝いができることは、秘書という仕事の醍醐味です。一方で、秘書は上司を選べませんから、不幸にしてどうしても尊敬できないという上司であってもプロとして仕えなければなりません。上司も人間ですから、毎日近いところで仕事をしていくなかでは、当然イヤな面に触れることもあるでしょう（それはお互い様なのですが）。相性もありますし、100%尊敬できることばかりではないでしょう。

多くの方と接するなかで、同じ人を見ても、その人のいい面を見つけ出す人と悪い面ばかり見つけ出す人がいることに気がつきました。

成長していく人は、いい師匠や手本を見つけるのが上手です。そういう人は、「この人のこういうところを自分も身に着けたい」「〇〇の部分はこの人から学ぼう」「この分野については、〇〇さんが優れている」というように、モデルを分けて持っているのです。一人の人にすべての手本になってもらうことを期待すると、その人の弱点や欠点が見えた瞬間に、すべてを否定することになってしまいます。そもそも完璧なメンターと言える人に出会えるかどうかも分かりません。「手本がいない」「尊敬できる人に出会えない」と嘆くよりも、パートごとに手本を見つけ、その人から学んだ方が速いということでしょう。

パートごとに手本を見つけ、
その人から学ぶ

上司から学ぶ、上司の弱点を補う

上司についても同じことが言えます。「尊敬できる素晴らしい上司に出会えない」と嘆いていても、残念ながら部下は上司を選べません。尊敬できる面は、ただの一つもないのでしょうか。仕事の能力、性格、物の言い方、コミュニケーションの特徴など、何かひとつでも欠点を見つけると、つい、その人のすべてを否定しがちです。

自分の上司について、尊敬できる点、長所は何かを見出していくのも、上司をサポートする面白さです。一番近くで見ている自分だから知っている上司のよさ、強みが、仕事上のヒントになったり、上司を支えることに繋がれば、より建設的に仕事ができます。その人のよい面を見つけ、自分に取り入れていきたいと思えば、職場は手本に溢れています。

一方で苦手や弱点は、時にその人の魅力にもなります。誰にでも苦手があるから、それを補う人の出番があります。私自身、上司が完璧で、何も苦手なことがなければ、秘書である私の役目はないと、すっかりやる気をなくしてしまうでしょう。

自分にも欠点や弱点があるように、上司も自分と同じ人間なのだと思えば、「仕方ないな」「人間らしいな」と受け入れられるようになります。

外からはスーパーマンのように見られている上司の弱点や欠点を知ることができるのも、近くで働く秘書の特権です。それを把握しているからこそ、補うためのサポートができるのです。自分だけが知っていて、誰にも言わずに腹に隠して、素知らぬ顔でフォローしている。そんな逞しさを持っていたいものです。

生きた手本に出会える秘書という仕事

秘書という仕事は、企業の経営層の方々や、各界で活躍されている一流の方々とやり取りができる仕事です。

秘書として上司についていなければ、お付き合いする機会がないような方々とも知り合い、お仕事をさせていただくことができます。ちょっとしたやり取りの中に垣間見える、一流の方々のお人柄、気遣いや考え方、細やかな行動に触れることで、どれほど多くのことを教えていただいたか分かりません。

成功されている方、一流の方々ほど、相手に対して細やかな心遣いをする方が多いということも、この仕事を通して知ったことです。

お食事をご一緒すると、翌日にはお礼のメールが届きます。形式的な文章ではなく、短くても温かみがあり、感謝の気持ちが伝わるメールです。ビニール傘をお貸ししたのに、わざわざ返しに来てくださった方もいました。テレビ番組の企画で、上司の小宮の取材にいらしたあるお笑い芸人さんは、取材が終わってお帰りになる際、カメラもなく、私たちスタッフしかその場にいなかったのにもかかわらず、ひとネタ披露して私たちを爆笑させてからお帰りになりました。小宮に対しては気遣いをしても、私たちスタッフにそんな気遣いをする必要は、本来ないのです。それにもかかわらず、私たちスタッフだけに向けて、帰り際の一瞬でサービスをし、見事に心を掴んで帰るとは。厳しい世界で活躍される方は、やはり違うのだと思いました。

自分の実力では関われない仕事、知り得ない情報や、関わることのない人間関係に関与することができるのは、ひとえに秘書という立場にあるからです。それまでの自分になかったもの、足りなかったことを、秘書の仕事を通して学ぶことができました。公私において、自分を成長させてくれた多くの方々は、まさに生きたお手本として、私の糧になっています。

第9章

秘書力とは、「成長力」

一人前ではなく一流を目指すために、
成長力を持ち続ける

定期的に自分を客観視する

電話の録音機能を使い、自分の電話応対を振り返る

最近のオフィスの電話機は、応答を録音する機能がついているものがあります。後で応答内容を確認できる機能ですが、私はときどき、自分の応答を振り返るために、この録音機能を使っています。会話中にボタンを押すと録音ができ、後でこっそり聞くことができます。

実際に自分の電話応対を聞くのは、正直に言ってかなり苦痛です。録音された自分の声を聞くことは、大変な違和感を覚えますし、口調やスピード、言いよどみや言葉癖など、気になることばかり。でも、この気になる点は、すべて自分の応対を振り返り、改善点を見つけるためのヒントです。

自分が思っているより、話し方が速いとか、この説明だと分かりにくいとか。この言葉より、もっと適した言葉がありそうだなとか。声のトーンは高すぎたり、低すぎたりしないかとか。「えっと」が多くて気になるとか。他人から指摘されたら、あまりのダメ出しに落ち込んでしまいそうですが、自分で気づくなら、密かに改善できます。受話器を取って録音を聞けば、誰かに聞かれることもありません。

無意識に出てしまう口癖を直したいときは、紙に書いて、デスクに貼っておきます。恥ずかしながら私は、電話でのあいづちで「うん」と言う癖がありました。これを直そうと、名刺大のカードに「×うん→○はい」と書いて、目につく場所に貼っていました。電話に出るたびに、そのカードを目にすることで意識が向き、口癖を改善することができました。

デスクに鏡を置くことも、自分の表情を客観視するためです。作業に集中していると、ついつい真顔になってしまうもの。電話に出るときや人に呼ばれたとき、鏡をのぞき込み、笑顔を作ることを習慣にしています。

丁寧さを取り戻すスイッチ

秘書と聞いて、一般の人が思い描く優雅なイメージとは違い、実際の秘書の仕事はかなりハードです。仕事の範囲はあってないようなものですし、突然思いがけない仕事が複数同時に発生することもよくあります。時間に追われ、次々に案件を処理していかなければ間に合わない毎日では、たくさんの仕事を手際よく、素早く処理することが求められます。それはともすると、仕事が雑になったり、右から左に処理しているだけではないかと、不安を感じることもありました。

たとえば来客が多い、とある日。同時刻に重なった来客にも、スムーズなご案内をし、お見送りをして、また次のお客さまをお迎えして、これをテキパキとこなして乗り切ることは必要です。ところが後で振り返ってみると、どんな方が、どんなお顔で、どんな用件でいらっしゃったのかが、思い出せません。どんな様子で、どんな服装で、どんな会話を交わしたのか。その瞬間瞬間、お客さまに心を向けていなければ、まったく自分の記憶に残っていない一日になるのです。

私の上司はよく、「一人前と一流は違う。右から左に、仕事を処理するのが速いだけの人は、一人前にはなれるけど、一流にはなれない」という話をします。そのたびに、「ああ、私のことだな」と、耳が痛い思いで聞いていました。

スピーディに効率よく働きながらも、その瞬間に心を込めて、丁寧な仕事をしたい。そのためには、もっと目の前のことに集中する必要があると痛感した私が、毎日意識して行なっている動作があります。

ドアを開け閉めするときは、音を立てないこと。
ドアが閉まり切るまで手を離さないこと。

時間に追われているときは、ドアを開けた瞬間に手を離して、小走りに移動したい気持ちに駆られます。ドアが閉まり切るまで待つのがじれったくて、強引にドアを閉めたくなったこともあります。乱暴に閉めたためにバンッと音がして、焦っていた自分に気づき、反省することも度々ありました。

それでも、この動作を日々繰り返すうちに、いつしか手を添えて丁寧に開閉することが気にならなくなりました。じれったさも焦る気持ちもあまり感じなくなり、ここで数秒時間を使ったとしても、仕事に何の支障もないいんだと思えるようになりました。ドアの開閉が、自分の状態を整えるスイッチになっています。

心の状態が所作に表れ、また所作によって心が整います。その瞬間に集中し、心を込めて丁寧に行なうこと。それは美しい所作に繋がり、心を込めた仕事に繋がります。

ビジネスパーソンのためのワンポイント「秘書力」㉒

「一人前」で終わらず、「一流」になる

仕事を効率よく処理しながらも、その瞬間に集中して、心を込めた対応を行なうこと。忙しいときほど忘れてしまいがちなことを思い出すためには、スイッチになる動作や所作を決めてみるとよい。

会社に閉じこもらず、外に出る

これまでは、秘書という仕事は常に席にいるものと考えられてきました。しかし最近は、複数の業務を兼任する秘書の方も増えていますし、秘書に在宅勤務を導入する企業まで出てきています。私自身に関しても、秘書業務の他にもセミナー運営、研修業務やその打ち合わせ、お客さま訪問などがあり、外出する機会も多くあります。

上司が定期的に訪問しているお客さまのオフィスに、私が訪問する機会がありました。そこで、普段上司がしているように、上司の宿泊先のホテルからそのオフィスまで、徒歩で行ってみました。インターネットで地図が確認でき、新幹線もホテルもネット予約ができるようになった今日では、秘書業務もともすると電話とメール、インターネットだけで手配業務は完結してしまいます。しかし、実際に自分の足で歩いてみると、「徒歩十分とインターネットには出ているけれど、実際はもっと時間がかかる」とか、「このアーケードを通っているなら、雨が降ったときも濡れずに行ける」など、体感できる情報がたくさんありました。

お客さまの会社を訪問することで、他社の来客対応やオフィスの環境整備を直接拝見することができ、上司によりよいサポートをするための具体的なヒントが数多く得られるのです。

また、日頃電話やメールでのやり取りが多い他社の秘書の方とも、可能な限りお会いしたり、心の通うやり取りをして、信頼関係を築いておくことは、より細やかな対応をする上で欠かせません。秘書の仕事というのは、会社や仕える上司によって、仕事内容やその領域が大きく異なります。だからこそ、それぞれの会社での秘書の立ち位置を知っておくことは、様々な依頼や交渉、調整を行なう上で、とても役立つのです。

ですから、他社の社員であっても、秘書同士は同じ仕事をする「同志」のような感覚があります。以前、こんなことがありました。

自分で体感できる情報を
大切にする

ある方から、私の上司宛に贈り物が届きましたが、中身を見ると、それは私の上司宛ではなく、別な会社、A社様の社長宛となっています。一般的には贈り主の方にご連絡して、間違った荷物が届いていることをお伝えし、いったんお返しするのが正しい対応となるでしょう。

しかしA社様の社長秘書は、日頃からお世話になっている、よく知っている方でした。そこでこの秘書の方に直接ご連絡したところ、なんと先方には私の上司宛の荷物が届いており、ちょうど私に連絡をしようと思っていたと言うのです。贈り主の方も、お互いよく存じ上げている方でしたので、おそらくは単純にA社様と弊社との贈り物が入れ違ってしまったのだろうと推測できました。

そこで、私とこの秘書の方とで互いに贈り物を交換し合い、何事もなかったようにそれぞれの上司に贈り物を渡すことができました。贈り主の方にいったんご連絡を差し上げれば、その方に恥をかかせることになり、余計なご負担をおかけしてしまいます。せっかく贈り物をくださった気持ちに水を差すことにもなりますし、上司から見ても贈り先を間違うというのは、あまり気持ちのよいものではないかもしれません。このケースでは、贈り主様がよく存じ上げている方であり、私とA社様の秘書の方とが、互いに率直に相談できる関係だったため、裏でこっそり対応し、素知らぬふりを決め込むことができました。

「私たち二人だけの秘密にしておきましょうね」と笑い合えることは、信頼できる秘書同士にだけ許される仕事術です。秘書同士が連携し合うことで穏便に解決できることが、この仕事にはたくさんあるのです。

職務の範囲にこだわらず、チャンスがあればやってみる

「秘書は裏方仕事」「地味で目立たないもの」と話していながら、こうして本を出すことになりました。秘書の本分をわきまえれば、本来は自分の名前が出ることは慎むべきなのかもしれません。

今、私は秘書の仕事の他に、研修を行なったり、仕事術のコラムを執筆したりしています。私に限らず、他の仕事を兼任する秘書の方が増えているなか、秘書の仕事だけでキャリアを終えられる方は、少なくなっていくのかもしれません。

私が最初に、秘書業務の範囲から少々外れる仕事を依頼されたのは、弊社で開催しているお客さま向けの新入社員研修で、ビジネスマナーのパートを担当するというものでした。前職で研修講師をしていたこともあっての依頼だったのですが、まさに「そ

れって秘書の仕事ですか!?」と反論したくなるような仕事です。まったく違う範疇の仕事を引き受けることに、かなり抵抗がありました。年に一度だけ、四月に登壇するというものでしたが、お客さま企業の新入社員さんを預かって研修をするのです。

秘書としてビジネスマナーを知っているとはいえ、教えるとなると、自分が知っていることをそのまま伝えればよいというわけにはいきません。プロの研修講師の方々をたくさん知っていただけに、兼務講師であることの後ろめたさも感じました。

それでも、せっかく依頼してもらったのだからと、思い切って引き受けたのが始まりです。「お客さまである私たちに、日頃井出さんがしてくれていることを、そのままうちの社員にも教えてやってください」というお客さまのお言葉が、背中を押してくれました。四月に一度登壇するだけだった研修の仕事が、今では毎月数回はお客さまの会社で研修をするようになり、私の仕事の二つ目の柱になりつつあります。

違う視点を持つ機会を

研修で教えるという場ができて気づいたのですが、日々の業務で発生することすべてが、研修の材料になるのです。現役秘書だからこそ、上手くいったことも、失敗したことも、日々積み重ねた現場の経験を持って研修ができるのだと思えるようになりました。そして、研修という仕事を通してお客さまと接することは、秘書として社内から上司やお客さまを見ているときとは違う視点を持つことに繋がりました。

また、上司の仕事と秘書の仕事、二つを管理していたところに、新たに三つ目の仕事を管理する必要に迫られました。より一層の業務の効率化を迫られることになりましたし、不在時の対応など、社内のスタッフの協力を得なければできないことでもあります。多くの人の協力を得ることの大切さを、さらに実感することにもなりました。

普段の職域にとどまらず自分だからできる仕事にチャレンジする

「秘書兼講師」であることにこれほどの相乗効果があろうとは、最初に依頼を受けたときには、想像もしていなかったことです。もちろん、ここに至るにはたくさんの葛藤も、悩みもありました。研修の準備が思うように進まないときに、秘書業務だけで勤務時間が終わってしまう日が続き、秘書に専念できたらどんなに楽だろうと考えたこともありました。チャレンジしたことの答えは、すぐに出ることではないのかもしれません。

会社ですから、それぞれの職種における職務、職域はあります。自分の職務に専念するために、職務外の仕事は引き受けないという考え方もあるでしょう。一方で、せっかく声がかかったなら、それは仕事の幅を広げ、成長に繋がるチャンスかもしれません。

ビジネスパーソンのための
ワンポイント「秘書力」㉓

小さなチャレンジをしてみる

ルーティンワークをきちんとこなすことは大切。だが成長し続けるためには、新しいチャンスがあったら飛び込んでみること。興味を持ったことに少しだけ踏み込んでみたり、取り組んだりすることで、違った視点から新たな発見や相乗効果が生まれる。

数値化しにくい仕事では、具体的な行動を含めた月間目標を立てる

私の上司は講演や著書で、目標を立てることの大切さをよくお伝えしています。「散歩のついでに富士山に登った人はいない」という言葉を例に出して、登る山（目標）を決めることの重要性をお話しすることもあります。

毎月「月間目標」を立て続けて、それを長期的な目標に繋げていくことが、人生の目的を見つけ出すコツと考え、そのための手帳まで出版しているほどです。

でも、「月間目標」と言われても、どんな目標を立てたらいいのでしょう？

秘書に限らず、事務系の職種やスタッフ職に就いている人にとっては、仕事の成果は数値化しにくく、自分の働きが、直接的な成果や分かりやすい結果に繋がりにくいと感じるものです。私自身も、慌ただしく過ぎ去っていく毎日の中で、「今月私、何を

したんだろう?」とふと疑問に思ってしまうこともよくありました。ルーティンワークを毎日繰り返すことに、不安を感じながら働いている人も多いのではないでしょうか。

「私はちゃんとこれをやったんだ」と思えるものが欲しくて、また「少しずつでも自分は仕事の中で成長しているんだ」という手応えを得たくて、月間目標を立て始めたのがきっかけです。今では、毎月一日は、前月の目標を振り返り、今月の目標を立てる日と決めて、手帳に書きつけています。仕事のことだけでなく、プライベートな目標や習慣を身につけるための目標なども立てます。

目標設定は「SMART」に

目標を立てる時には、「SMART(スマート)の法則」を頭に描いて考えると、よい目標設定ができます。

たとえば私は「字が上手くなりたい」と思っています。秘書の仕事柄、直筆で書類や手紙を書くことも多いため、もっときれいに字が書けたらと常々思っているのです。

そこで「字が上手くなる」という目標を立ててしまうと、「上手くなった」「ならなかった」というどちらかの結果で終わってしまいます。そもそもどうなったら、「上手くなった」と言えるのかも不明確ですから、目標を達成した実感も得られません。「目標なんて立てても仕方ない！」と目標設定をやめてしまう人が多いのは、実は目標の立て方に原因があるのです。

「字が上手くなる」を例に取ると、こんな目標設定はいかがでしょう。

S　Specific　＝　具体的、分かりやすい
↓「ペン字練習帳」ドリルをなぞり書き練習する

M　Measurable　＝　計測可能、数字になっている
↓平日のお昼休みに二十分間

A　Agreed　＝　納得・同意している
↓字を書く場面が多く、必要性を実感している

R　Realistic　＝　現実的、実現可能
↓平日二十分だけならできそう

T　Timely　＝　期限が明確
↓月末まで

※他の単語を使っている例もあります。

- 目標は、具体的で振り返りやすい形で立てる
- 「SMARTの法則」を用いるとよい

どうでしょうか。これなら自分のやるべきことが具体的で、すぐに始められます。月末になったら、目標を達成したかどうかも明らかです。

この目標は、実際に私が過去に取り組んだものです。一ヵ月後に振り返り、月の半分しかできなかった月は、手帳に達成率50％と書き込んでいました。一日も欠かさずできた月には、手帳に★のスタンプを押して、達成感を味わったこともあります。毎月続けていくうちに、書いた目標が達成できないことが、気持ち悪くなってくるのです。歯磨きしないと、気持ちが悪いのに似た感じでしょうか。

自分で決めたことを実行することは、自分の自信になります。それを毎月繰り返していくことで、わずかずつでも成長できていることが実感でき、日々が充実していくのが分かります。たとえ成果が見えにくい仕事であっても、目標を持って取り組むことで、充実感や達成感を味わいながら成長していく方法はあるのです。

「私、できてますから」症候群にならないために

『「私、できてますから」症候群』という言葉を雑誌で目にして、ドキッとしました。仕事の経験もある程度積み、実務はひと通りこなせるようになった年代。基本的なことは分かっていると自負するアラサー（三十歳前後）以上の働く女性に向けたその記事は、私にも思い当たることがたくさんあり、チクチク痛いところを突かれました。

ビジネスマナー研修をするたびに、思うことがあります。

新入社員の皆さんや若手の社員の方は、ビジネスマナーに対してとても真剣です。自分はまだできていない、このままでは困る、恥ずかしいから、しっかり身に着けなければという気持ちで受講してくださいます。ぎこちなかったり、たどたどしいところはあっても、真っ白な状態で熱心に研修に参加しているので、教えたことを、素直

に吸収し、実践してくださる方が多いのです。

難しいのは、すでに仕事をしてきて、実務はこなせているのだから、基本的なことは分かっているという自負がある年代です。実務経験が長い方が皆、相手を尊重した配慮あるマナーを実践できているとは限りません。自信を持つことはとても大切なことですが、自信が驕りになり、過信に繋がっては、マナーの本質から外れてしまいます。周囲の人も今さら注意しにくいものです。

慣れてきた頃、自分なりのやり方を持つ頃こそ注意を

仕事に慣れてくると、自分なりのやり方、判断軸を持つようになります。それによって仕事のやり方を改善したり、効率化を図ったりすることができるので、必要なことでもあります。一方で、自分なりの勝手な判断で大事なステップを省いてしまったり、自分のやりやすいように勝手にやり方を変えてしまうことにも繋がります。基本に忠実に仕事をしていたときには起こらなかったようなミスを、慣れてきた頃に起こしてしまうのも、このためです。

新人の頃は、名前を呼ばれるとすぐに「はい」と気持ちよく返事をしていたのに、いつの間にか「周りはそんなに大きな声で返事をしていないから」「今、手が離せないから」「もっと重要な仕事をしているから」と、自分の軸の中で勝手に判断して、大切な基本を切り捨ててしまうのです。挨拶や身だしなみ、時間厳守などの仕事の基本は、実務経験の長い方ほどむしろ疎かにしがちです。言葉遣いや電話対応も、慣れが悪い形で表れやすいところでしょう。

誰しもこういう危険があります。だからこそ、折々に自分の慣れからいったん離れて、基本に立ち返る時間が必要です。今さらだと思うかもしれませんが「ビジネスマナーの基本」の本を読んでみる。あえてマニュアルを確認しながら手順を踏んでみる。美味しいお茶の淹れ方を、もう一度学んで淹れてみる。身だしなみをもう一度、厳しいお客さまの目でチェックしてみる。ほとんどの内容は「知っている」ことだと思いますが、100％徹底して「できている」でしょうか。

「知っていてもできていない」ことに気づき、それを実践してみるのです。そうする

「できているつもりになっている」ことが実は「知っていてもできていない」ことになっていないか、振り返ってみる

と、「できている」と思っていたことも、決して100％ではなかったと知ることができます。挨拶ひとつ、お辞儀ひとつとっても、もっと深いレベルでできている人がいることにも気づきます。今できていることは、「ひと通りできているにすぎない」と知ることが、次の成長への第一歩ではないでしょうか。

逆説的なお話ですが、物事に精通した人ほど「自分ができている」とは思っていないことを、多くの方と仕事をして教えていただきました。自分の習熟度が上がることで、より高いレベルの仕事が見えるようになる。より上のレベルから見れば、「自分はまだまだできていない」ということになるのでしょう。自分のレベルが上がらなければ、その奥深さにも気づけないものです。物事の奥深さを知ることが、謙虚さに繋がるのかもしれません。

以前、松下幸之助さんがお辞儀をなさる映像を見せていただいたことがあります。わずか数秒間のそのお辞儀を映像で見ただけなのに、胸に熱くこみ上げるものがありました。相手に対する感謝の思いや、ご自身の生き方・人生そのものが、まるで全身から滲み出ているようなそのお辞儀に、すっかり心を摑まれ感動してしまったのです。

自分のレベルが上がらなければ、物事の奥深さには気づけない。物事の奥深さを知ることが、謙虚さに繋がる私は、来客対応や朝礼などで日に何度もお辞儀をしています。マナー研修でお辞儀をお教えすることもあります。しかし人の心を摑むあのお辞儀を思い返すと、その足元にも到達できていません。自分を成長させること、自分を磨くことに終わりはありません。

感謝される状態に甘んじない、秘書の存在意義を常に問い続ける

上司やお客さま、周りの人に支えられ、これまで仕事をしてきました。上司は十年以上、至らない私に耐え、我慢してくれたことも多かったはずですが、お陰様で何とかこの仕事を続けることができました。

上司から「有り難う」「秘書がいてくれて、本当に助かるよ」という言葉をもらえることは、とても嬉しいものです。上司の役に立つことで、やりがいを感じることもあります。それは確かに素晴らしいことなのですが、上司が心地よい状態を作り感謝されることだけを、秘書としてのゴールにしてしまってはいけないと思っています。

秘書は上司のために働いていると考える方が多いかと思いますが、それは少し違います。秘書は、上司を陰で支える存在ですが、同時に、会社の一員として、仕事を通

して、お客さまや社会に価値を提供する存在でもあるのです。秘書として上司をサポートすることで、上司の仕事の質を高め、活躍の場を広げ、会社が成長し、お客さまや世の中に喜んでいただくことに繋がっていく。それが本当の、秘書としての喜びであり、そのために秘書として自分ができることは何だろうと考え続けることこそが大切なのではないでしょうか。

その鍵は、これまで上司から毎日のように教えられてきた「お客さま第一」にあると私は思います。お客さまの視点に立って仕事をすることを自覚し、上司をどのように支えることがお客さまに価値を提供することに繋がるのか自問自答した十年間でした。お客さま視点に立って上司に影響力を発揮できるようになってこそ、秘書は上司のパートナーとして、上司とともに働く存在になれるのだと思っています。

お客さまや自社を取り巻く様々な方々との出会いは、自分の視点を社内から社外に向けてくれます。多くの企業を訪問し、お客さまのお話を伺って、改めて自社が求められていること、お役に立てることは何だろうと考えることに繋がります。直接お客

上司のために働くのではなく、
上司を支えることでお客さま、
社会に価値を提供する

さまと接点を持つことが難しいという方も、自分の仕事の中で、お客さま視点で見直せること、できることはありませんか。それを探し、実践し続けることが、次の成長に繋がるのだと、私は考えています。

ビジネスパーソンのための
ワンポイント「秘書力」㉔

目標を自分にとって意味のあるものにする

目標を達成するために一番大切なことは、その目標を達成することがなぜ自分にとって必要なのか、自分にとっての意味を明確に持ち、そこに自分が合意していることである。自分にとって意味ある目標を立て、達成に向けて取り組んでいくことだ。

第3部
〈自己成長編〉
まとめ

- 日常生活の中で気づきのインプットを増やし、できることから実践する
- 「知っている」ことを「やっている」ことへ、最初は不慣れでも実践し続ける
- 分野ごとに、師匠や手本を見つける
- 会社に閉じこもらず、外に出て、自分の体感で情報を得る機会をつくる
- お客さま、ユーザーの視点で、仕事の目的をとらえ直す
- 職務の範囲にこだわらず、仕事の幅を広げ、成長に繋がるチャンスをつかむ
- 数値化しにくい仕事では、具体的な行動を含めた月間目標を立てる
- 実務をひと通りこなせるようになったときこそ、基本に立ち返る時間をつくる
- 目標を達成することの自分にとっての意味を明確にする

あとがき

最後までお読みくださって、本当に有り難うございました。相手の視点に立って仕事をすること、そうして築かれる人と人との繋がりの素晴らしさをお伝えしたくて書いたこの本が、読者の方との繋がりをも生むことになろうとは。尊敬と感謝で繋がる仕事術の素晴らしさを、改めて実感しています。

秘書として働いて五年が経った頃、経営者であり、経営コンサルタントである上司を補佐するためには、経営についても学ぶ必要を感じていました。そこで、弊社でお客さま向けに開催している「経営コンサルタント養成講座」を受講したのです。税理士、会計士の方々、中小企業診断士などの資格を取って、すでにコンサルタントとして仕事をしている方や経営者、経営幹部の受講生に交じり、完全に落ちこぼれの生徒ながら、一年間共に勉強させてもらいました。その中で、秘書の視点から経営者の方々を見て学んだことを講座の仲間に話したところ、みんながとても興味を持ってくれたのです。本を書いてくれたら読みたいと言ってくれた仲間のひと言が、私に文章を書くという発想を与えてくれた、最初のきっかけでした。仕事で気づいたことをメモしたり、仕事のヒントになりそうなこと、本や雑誌で読んで感銘を受けたことを書き留めることを、少しずつ始めてみたのです。

その後、兼ねてから仕事上のお付き合いをいただいていた、ディスカヴァーの干場弓子社長から、秘書の仕事のことを書いてみてはとお声をかけていただきました。文章を書くための材料集めはしていたものの、まさか自分が本を書くなんて、思ってもみなかったことです。無名の私が、初めての著書を、名編集者でありビジネスウーマンとしても憧れの存在である干場様に編集していただけるなんて、あり得ない幸運でした。そのご指導がなければ、とても一冊の本を書き切ることはできなかったと思います。

秘書の仕事について十年が過ぎ、つくづく思うことは、仕事とは、人との縁、つながりにより支えられているということです。秘書が発揮している力を「秘書力」とするなら、人と関わるすべての人が身につければ、もっと相手を尊重し合い、感謝の気持ちを持って仕事ができるのではないか。秘書が日々培い、発揮しているその力は、補佐している経営層の方々にしか、知られることはありません。裏方である秘書の性質上、差し障りがあることもあります。それを一般のビジネスパーソンの方が知ったら、意外な発見や学びの材料にしていただけるのではないかと思い、まとめたのがこの本です。イメージしにくい秘書の仕事を、できるだけ具体的に、実際のエピソードを通してお伝えできればと思い、登場人物もすべて、実在する方々です。こうして書いてみて、毎日の仕事のワンシーン、関わるすべての人から、仕事のヒントややりがい、貴重な人生の学びをいただいていたことに、改めて気づくことができました。

ですからこの本は、私が書いたというよりは、出会った皆さんお一人お一人が書かせてくれたという気持ちです。そして、ディスカヴァーの干場社長と一緒に、私の本を編集してくださった杉田彰子さん。同じく秘書でもある杉田さんの秘書力をお借りできたからこそ、この本ができました。この場を借りて、心からお礼申し上げます。

私の上司は日頃よく、「一歩踏み込む」という話をします。ありきたりの仕事で終わらず、もうちょっとやれることがあるんじゃないかと考え、一歩踏み込むことが大切だと言うのです。秘書として一番近くで、十年以上この言葉を聞いてきました。「一歩踏み込む」といつも自分に言い聞かせながら、踏み込みの足りない自分を反省する毎日を過ごしてきたように思います。この本が、「一歩踏み込む」ことのひとつになれば、多少は学んだことを実践できたと言えるのかもしれません。

井出　元子

二〇一九年　春

ビジネスパーソンのための「秘書力」養成講座

発行日　2019年　3月30日　第1刷
　　　　2022年　1月17日　第3刷

Author　井出元子
Book Designer　遠藤陽一（DESIGN WORKSHOP JIN,Inc.）
Publication　株式会社ディスカヴァー・トゥエンティワン
〒102-0093　東京都千代田区平河町2-16-1　平河町森タワー11F
TEL　03-3237-8321（代表）　03-3237-8345（営業）
FAX　03-3237-8323
https://d21.co.jp/

Publisher　谷口奈緒美
Editor　杉田彰子

Store Sales Company
安永智洋　伊東佑真　榊原僚　佐藤昌幸　古矢薫　青木翔平　青木涼馬
井筒浩　小田木もも　越智佳南子　小山怜那　川本寛子　佐竹祐哉
佐藤淳基　佐々木玲奈　副島杏南　高橋雛乃　滝口景太郎　竹内大貴
辰巳佳衣　津野主揮　野村美空　羽地夕夏　廣内悠理　松ノ下直輝
宮田有利子　山中麻吏　井澤徳子　石橋佐知子　伊藤香　葛目美枝子
鈴木洋子　畑野衣見　藤井かおり　藤井多穂子　町田加奈子

EPublishing Company
三輪真也　小田孝文　飯田智樹　川島理　中島俊平　松原史与志
磯部隆　大崎双葉　岡本雄太郎　越野志絵良　斎藤悠人　庄司知世
中西花　西川なつか　野﨑竜海　野中保奈美　三角真穂　八木眸
高原未来子　中澤泰宏　伊藤由美　俵敬子

Product Company
大山聡子　大竹朝子　小関勝則　千葉正幸　原典宏　藤田浩芳
榎本明日香　倉田華　志摩麻衣　舘瑞恵　橋本莉奈　牧野類　三谷祐一
元木優子　安永姫菜　渡辺基志　小石亜季

Business Solution Company
蛯原昇　早水真吾　志摩晃司　野村美紀　林秀樹　南健一　村尾純司

Corporate Design Group
森谷真一　大星多聞　堀部直人　村松伸哉　井上竜之介　王廳
奥田千晶　佐藤サラ圭　杉田彰子　田中亜紀　福永友紀　山田諭志
池田望　石光まゆ子　齋藤朋子　竹村あゆみ　福田章平　丸山香織
宮崎陽子　阿知波淳平　伊藤花笑　伊藤沙恵　岩城萌花　岩淵瞭
内堀瑞穂　遠藤文香　王玮祎　大野真里菜　大場美範　小田日和
加藤沙葵　金子瑞実　河北美汐　吉川由莉　菊地美恵　工藤奈津子
黒野有花　小林雅治　坂上めぐみ　佐瀬遥香　鈴木あさひ　関紗也乃
高田彩菜　瀧山響子　田澤愛実　田中真悠　田山礼真　玉井里奈
鶴岡蒼也　道玄萌　富永啓　中島魁星　永田健太　夏山千穂　原千晶
平池輝　日吉理咲　星明里　峯岸美有　森脇隆登

Proofreader　株式会社 文字工房燦光
DTP　アーティザンカンパニー株式会社
Printing　共同印刷株式会社

ISBN978-4-7993-2446-2